小売業・サービス業の
マーケティング

尾碕　眞・野本　操・脇田弘久　編著

五絃舎

はしがき

　現在，小売業とサービス業を含めた第3次産業は産業構造の中で大きな比率を占めていることは周知の事実である。この第3次産業は産業構造で占める位置が大きいとはいえ，その経営環境が安定しているとはいえないだろう。

　また，消費者意識の変容と消費者行動は多様化し，小売業，サービス業に日々変化を求めている。現在，消費者意識と消費者行動を把握することはかなり困難な状況といえよう。

　このような厳しい状況下で，すべての小売業，サービス業が成長しているわけではない。成長している小売業やサービス業は，新ビジネスモデルの構築をはじめ，マーケティング機能を強化している。さらに，消費者行動を分析し，消費者の理解を進め，消費者満足を的確に掴んできている。このような経営革新推進を展開させている小売業，サービス業は経営活力を増し，企業成長しているものと思われる。

　そこで本書は第3次産業の小売業とサービス業を中心に，基礎的なものから総合的観点を示し，高度なマーケティング力の構築と経営活力創出を導きだすことを目指している。

　そこで，小売業，サービス業のマーケティング標的の共通認識としての消費者行動分析を序章で行い，第1章から第4章は小売業マーケティングを，第5章から第8章はサービス業マーケティングを取扱い，それぞれの特徴を抽出し検討した。

　序章は先述した如く，共通認識として，商品やサービスを購入する消費者の行動を理解するために，消費者の意思決定過程やそれに影響をおよぼす要因や，消費者の店舗選択について述べた。さらに，インターネットによる実店舗から仮想店舗への購買行動変化について検討した。

第1章では小売業の概念と役割を確認し，小売業の変化と現状を商業統計表に基づき明らかにした。次に，小売マーケティング・ミックスについて検討し，さらに競争の中で小売マーケティング・ミックスのパターンとしての小売業態変化と小売業態の変化に関する仮説について考察した。つづいて，まちづくりとの関係や小売業のコンピュータ化について述べた。第2章では商圏拡大や新地域出店による市場開発を，立地選定，その調査方法，機能役割の明確化，商圏設定と測定から検討した。第3章では市場開発後の店舗の開発について，店舗規模の決定方法と消費者が望む売り場配置，売り場構成について検討した。第4章では消費者満足のための仕入，価格決定，品揃え，在庫予算，在庫管理について述べた。

　第5章はサービス社会の進展について歴史的観点から整理し，現状と生産性について検討した。第6章はサービスの意義，その特性，サービスと物との関係，サービスの分類を検討した。第7章は無形物を扱うサービスマーケティングの特性に関わるサービスマーケティングの枠組みと品質，サービス・マーケティング・ミックスについて考察した。第8章は商品やサービスの使用に伴う便益から，さらに精神的満足を実現するホスピタリティを重視するようになってきている。そこでサービスとホスピタリティとの有効性，消費者との関連性を述べた。

　以上のように，小売業やサービス業のマーケティングの基礎から総合的な考察を行った。

　本書はこのような観点から6名が共同執筆したものである。原則的に執筆者の考察方法を尊重したことから，各章の展開統一は不十分といえないこともない。さらに，用語の統一，全体調整の不十分性が認められる。編集作業にてそれらを解決すべき努力はしたつもりであるが，ご指摘いただくところ多々あるものと思っている。また，基礎から総合的に小売業およびサービス業のマーケティングを捉えたことから，微視的部分についての考察は充分とは言えない。これら内容の充実等は次の機会に譲りたく思っている。

　先述した如く，基礎的なものを含め，総合的に小売業およびサービス業のマー

ケティングを捉えたことから,これらを実践されている方々や,このマーケティングを学習されている方々の基礎的理論の確認や実践応用（創造的利用）に役立てばと思っている。

　末筆ながら本書出版にあたり，快くお引き受けいただき，ご配慮いただいた五絃舎社長，長谷雅春氏に厚く御礼申し上げる。

　2015年　大寒

編者を代表して　尾碕　眞

目　次

はしがき

序　章　小売業・サービス業と消費者行動 ―― 1
第1節　小売業・サービス業と消費者の関係 ―― 1
第2節　消費者の購買行動のメカニズム ―― 2
第3節　インターネットによる購買プロセスの変化 ―― 9

《小売業編》

第1章　小売業の状況と小売マーケティング ―― 15
第1節　小売業の概念と役割 ―― 15
第2節　小売業の事業所数，従業員数，年間商品販売額概況 ―― 16
第3節　小売業規模別の変化と状況 ―― 20
第4節　小売マーケティング・ミックスの形成と要素 ―― 23
第5節　小売業種と業態 ―― 28
第6節　小売業態の変化に関する仮説検討 ―― 30
第7節　小売商業集積間の競争法則と商圏理論モデル ―― 32
第8節　小売業と流通政策によるまちづくり ―― 34
第9節　小売業とコンピュータ・システムによる情報化 ―― 35
第10節　小売業の商品企画と開発 ―― 37

第2章　小売業の市場開発 ―― 45
第1節　立地選定 ―― 45
第2節　地域小売業の機能分担と階層別類型 ―― 52
第3節　商圏構造と消費特性 ―― 57

第3章　店舗開発とその設計	67
第1節　店舗規模の設定	67
第2節　業種構成と業種配置	74
第3節　売場配置	76
第4節　売場の構成	82

第4章　小売業の仕入・品揃え・在庫管理	87
第1節　マーチャンダイジング	87
第2節　商品選定	88
第3節　在庫と在庫予算	95

《サービス業編》

第5章　サービス社会の進展	103
第1節　歴史的観点において	103
第2節　サービスの現状	105
第3節　サービスの生産性について	109
第4節　サービス社会の今後	112

第6章　サービスの概要と分類	117
第1節　サービスの意義	117
第2節　サービスの基本特性	119
第3節　サービスとモノの相違点とその影響	120
第4節　サービスの分類	125

第7章　サービス・マーケティング	131
第1節　サービス・マーケティングの枠組み	131
第2節　サービス品質について	133
第3節　サービス・マーケティング・ミックス	138
おわりに	145

第8章　サービスとホスピタリティ ―――――― 147
　第1節　ホスピタリティの定義 ―――――― 147
　第2節　サービスにおけるホスピタリティの注目 ―――― 149
　第3節　サービスにおけるホスピタリティの有効性 ――― 151

索　引 ――――――――――――――――― 155

序　章　小売業・サービス業と消費者行動

第1節　小売業・サービス業と消費者の関係

　消費者（consumer）とは，生産者に対する概念で，自らのニーズ（needs）やウオンツ（wants）を満たすために，必要な商品やサービスを購買・使用する個人や組織のことをいう。そしてこの消費者は通常，最終消費者（ultimate consumer）と，産業使用者（industrial user）に分類される。

　最終消費者は，流通段階の末端に位置し，個人的な必要・欲求の充足を目的に商品・サービスを購買・消費する個人ないし家計集団である。また産業使用者は，再販売や事業の運営を目的に原材料や設備品，消耗品を購入・消費する企業や組織（たとえば各種製造業者，農・林・漁業者，卸・小売業者，各種サービス業者，政府機関・地方自治体など）である[1]。本章では，最終消費者（以下，消費者とする）としての個人を対象に展開していくことにする。

　今日われわれが日常生活を送るなかで，商品やサービスを購入し，それらを消費・使用することなくして生活を成り立たせることは，ほとんど困難と言ってよい。人類発生以来供給量の絶対的不足のなかで，「生産された商品を購入し，消費する」という生産優位の社会が長く続いてきた。20世紀中期以降，供給量が需要量を上回るようになり，「生産した商品を売る」時代から「売れる商品を生産する」時代へと変化し，消費のための生産が行われるようになった[2]。いまやわれわれの周囲には多様な店舗が存在し，そこにはあふれるほどの商品が置かれ，様々なサービスも享受できるようになっている。また技術革新により，国内はもとより海外にまで24時間どこからでもインターネット等を使用して簡単に商品が入手できるようにもなった。

豊かな時代において，多くの選択肢のなかで実際に消費者が購入するモノやサービス，つまり「売れる商品・サービス」とは，消費者が商品やサービスの品質，デザイン，価格等を自分のニーズや欲求と照らし合わせ，適合すると判断し，購入，消費した結果，満足感が得られたモノやサービスということである。消費者のニーズや行動が多様に変化してきている状況にあっては，生産者であれ，流通業者であれ，サービス業者であれ，「売れる商品・サービス」を生産，販売，提供するためには消費者のニーズや欲求を的確に把握し，それに適応しなければならない。したがって消費者は，商品流通経路の最末端に位置する受動的な存在ではなく，情報の発信者として流通経路の最先端に位置する能動的な存在といえる[3]。

小売業やサービス業は，消費者に最も近い存在であるために，日常的な対面販売活動やサービス提供活動等から消費者の買い物動向や消費者の意識を把握することができるため，情報の発信者としての消費者を十分に知り，対応していくことが求められている。

第2節　消費者の購買行動のメカニズム

1. 消費者の購買意思決定プロセス

消費者行動は，1950年代以降，心理学，社会学，社会心理学等で取り組まれてきた人間行動の成果を応用するかたちで研究が行われてきている。ここではまず，消費者行動の内容について整理する。

消費者行動は，消費者が意識しているかどうかにかかわらず，絶えず選択と意思決定が行われており，それは表序-1に示すように，「消費行動」，「購買行動」，および「購買後行動」の3つに分類されている。

これらのうち，「消費行動」は，特定の消費者が消費生活において，自らの所得水準を考え，可処分所得に対する貯蓄と消費の配分を決定し，次に消費に配分された部分の費目別（食料，住居，水道・光熱，被服・履き物，家具・家事用品，保険・医療，交通・通信，教育，教養娯楽など）の配分を決定すること

である。

　それに対し,「購買行動」は商品やサービスの入手に直接関係する行動で, 表序-1 ③～⑦における一連の意思決定プロセスとして展開される。自動車を購入するのか, 海外旅行に行くのかという商品やサービスの選択, そして選択した商品・サービスをどの店舗で購入するのか, あるいは通販で買うのかという購買場所の選択, 自動車を買うのであれば, どのメーカーのどの車種を買うのかというブランド選択, モデル選択, そして購入する商品の数量や頻度の決定等である。

　さらに「購買後行動」は, 購入された商品がどのように使用され, 生活の中でどのような意味をもつのかということであり, その購入商品に対する満足度に関する評価を含む。この購買後の満足の程度によって, その商品を保管したり, 廃棄したり, リサイクルに回したりする選択行動をいう[4]。

表序-1　消費者行動の内容

消費者行動	消費行動	① 貯蓄と消費の配分（貯蓄性向）
		② 消費支出の配分（費目別家計支出配分）
	購買行動	③ 製品クラスの選択（競合製品間の選択）
		④ 店舗選択（競合する購買場所の選択）
		⑤ ブランド選択（競合ブランド間の選択）
		⑥ モデル選択（ブランドのモデル選択）
		⑦ 数量・頻度決定
	購買後行動	⑧ 使用行動
		⑨ 保管・廃棄・リサイクルの決定

出所:杉本徹雄「消費者行動とマーケティング」杉本徹雄編『消費者理解のための心理学』福村出版, 1997年, p.12。

　次に示す図序-1 は, 消費者の購買意思決定のプロセスとそれに影響を及ぼす要因をまとめたものである。以下, この図をもとに説明する[5]。

図序-1 消費者の購買意思決定プロセスと影響要因

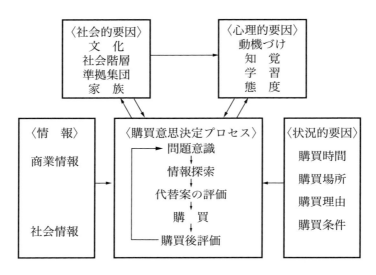

出所：W. J. Stanton, M. J. Etzel, B. J. Walker, *Fundamentals of Marketing*, 10th. ed., McGraw-Hill, Inc.,1994, p.154. を一部変更。

　消費者購買意思決定プロセスの基本的な図式は，問題認識 → 情報探索 → 代替案の評価 → 購買 → 購買後評価という5段階から構成されている。

(1) 問題認識

　問題認識は，消費者が望ましいと考える状況と現実の状況との差に気づくことによって生じる。手持ち商品の不足や不満足，生活環境や家族特性の変化，家計状態の変化,広告のようなマーケティング活動の影響等により誘発される。

(2) 情報探索

　問題認識がなされると，消費者は理想と現実との差から生じた不満や不自由を解消するための商品やサービスについて情報を収集する。情報探索は，消費者自身の経験により記憶に蓄積されている内部情報の探索と，友人や知人によるくちコミ，広告やセールスマン等による商業的な情報等の外部情報の探索に分けられる。情報探索は，ほとんど内部探索から始められ，内部探索で十分な

情報が得られない場合に外部探索が行われる。また高額で購入頻度の低い商品は，多種類の情報源から大量の情報を収集するであろうし，食品や日用品のように低額で購入頻度の高い商品はほとんど情報収集をしないかもしれない。

(3) 代替案の評価

様々な情報収集がなされると，購入対象となる商品やサービスおよびその購入店舗の評価をすることになる。この評価のための基準としては，商品やサービスの場合には，コスト（価格，修理費，据付け等），パフォーマンス（耐久性，効率性，経済性，信頼性等），適合性（スタイル，デザイン等との合致），便宜性（省時間，省労働等）があげられるが，この基準は，消費者によって，また購入する商品やサービスによって異なるものである。

購入店舗の選定における評価基準としては，店舗の立地条件，価格，品揃え，ストア・イメージ，広告・プロモーション，サービス，従業員の応対等があげられる。

(4) 購買

代替案の評価に基づいて，最も評価の高かった商品やサービスを，最も評価の高かった店舗で購入することになる。この購買にあたって，さらに店舗内で消費者の購買意思決定に関わる要因として，店舗レイアウトと店内の買い物客の流れ，価格設定，店員の接客サービス，支払方法等があげられる。

(5) 購買後評価

購買が終わり，実際にその商品やサービスを消費・使用し始めると，その購買意思決定が正当なものであったかどうかの評価が始まる。購入した商品やサービスの品質や性能について，実際に消費・使用して得た結果が購入時の期待と一致するかまたはそれ以上であれば，消費者は満足し，再購入するであろう。しかし不満足の場合には，今後その商品・サービスやその店舗での再購入の可能性はなくなるであろう。購買後評価による情報は，次の購買の際の内部情報として蓄積されることになる。

この購買後評価の段階で，消費者は自分の購買行為に対してしばしば認知的不協和（cognitive dissonance）という心理的不安状況に陥る。認知的不協和は，

2つ以上の代替案の中から1つだけを選択しなければならなかったような状況下で生じやすく、選択しなかった代替案への思いが残るというものである。この状況が起こると、消費者は不安を減少させるために、購買に対する責任を放棄したり、自分の購買行動を支持し正当化する情報を求めようとする。消費者の認知的不協和への対応として、企業の広告、メッセージ、説明書、アフターサービス等は不可欠な手段といえる[6]。

消費者の購買意思決定プロセスは上述の5段階から構成されているが、われわれ消費者が選択・購買する商品やサービスは多種多様であり、意思決定プロセスも購買する商品やサービスの特性によって、すべての段階を経過するわけではなく、省略したり、各段階で費やす時間や努力は異なっている。

2．消費者の購買行動に影響を及ぼす要因

図序-1に示すように、消費者の購買意思決定プロセスに影響を与える要因として社会的要因、心理的要因、情報、状況的要因があげられる。

①情報と購買意思決定

まず消費者は、どのような商品やサービスが、どのような価格で、どこで入手できるのかといった情報がなければ意思決定をすることができない。購買意思決定に影響を与える情報としては、生産者や商業者からの広告に代表される商業情報（commercial information）や家族、友人、知人からのくちコミや他の人が使っている商品やサービスを観察するといったような社会情報（social information）がある。

②社会的要因

購買行動は、文化、社会階層、準拠集団、家族といった社会的要因によっても影響されている。

・文　　化：世代ごとに受け継がれていく標準的生活様式で、衣・食・住における消費者行動の根幹をなすものである。

・社会階層：収入、教育水準、職業等を基準にグループ分けされたもので、それぞれの階層のメンバーは同じような価値観、興味、行動様

式を共有している。
- ・準拠集団：人々の価値観，態度，行動を形成する時に拠り所となるグループ。家族，友人，職場，趣味や習いごとの仲間などである。
- ・家　　族：夫，妻，子供，親それぞれの購買行動に，相互に最も大きな影響を及ぼし合っている。

③心理的要因

　消費者の購買行動には，その背後にある「なぜそうするのか」という部分に関係する動機づけ，知覚，学習，態度という心理的要因がはたらいている。
- ・動機づけ：ある目的を達成しようと行動を方向づけるもので，すべての消費者行動の基本である。
- ・知　　覚：人が自分たちの内的あるいは外的環境にある刺激から一定の意味をつかむプロセス。知覚の結果として，消費者は，商品，ブランド，店舗，価格，広告といった購買行動に直接影響を与える要因に対してのイメージをつくりあげる。
- ・学　　習：同一あるいは類似の経験の繰り返しからもたらされる行動の変化であり，過去の経験が学習の結果として，後続の行動に影響を与える。
- ・態　　度：人が，あることについて持続的に持っている好ましいとか，好ましくないといった認知的評価，感情，行動の傾向である。

④状況的要因

　消費者は自分自身の置かれている状況によって，その購買行動に直接的に影響を及ぼされる。緊急を要する場合の購買や同じ商品を購入する場合でも，自分で使用するのかプレゼント用なのかによって購入する商品は異なる。
　以上のような様々な要因が，消費者の購買意思決定プロセスの各段階に影響を与え，それぞれの意思決定が行われ，購買行動となっている。

3．消費者の店舗選択行動

　これまで消費者の購買行動について，基本的な意思決定プロセスや意思決定

に影響を及ぼす要因について概観したが，特に消費者と近い関係にある小売業・サービス業の立場から，どの商品・サービスの購買をするのかだけでなく，その購買の「場」としてどのような店舗もしくは商業集積（ショッピングセンター，商店街等）を選択するのかということが重要といえる。

　来住元朗は，「消費者の小売店舗ないしその集積の選択に関わる行動を『小売選択行動』と名付け，それは商品ないし銘柄（ブランド）の購買行動と独立であることはほとんどなく，むしろそれに付随するものと考えられるべきであるが，その意思決定プロセスを構成する段階とその内容，およびそのプロセスの進行に影響を与える諸要因の種類とその相対的重要性は，商品ないし銘柄の購買行動とは異なるであろう。また小売選択行動は，購入するものが特定の商品（1財）か，複数財か，または商品のほかにサービスを含めた多目的購買か，さらに店舗を選択する場合と集積を選択する場合では異なるであろう」[7]としたうえで，特定の商品（1財）の購買に関して，特定の店舗選択の行動の概念的モデルを図序-2のように示している。

　小売業にとって，消費者のストア・ロイヤルティ（store loyalty）を高めるために重要なのは，このフロー・チャートの「代替的店舗の属性の評価」と「代替的店舗の属性の知覚（ストア・イメージの形成）」，およびそれによる「店舗に対する態度」の形成段階である。

　消費者は，代替的店舗を評価する際に，「立地が便利である」（所要時間，交通機関，駐車場等），「品揃えが好ましい」，「価格が妥当である」，「販売促進やサービスが適当である」（広告，店員の接客，配送，信用販売等），「店舗が快適である」（配列，装飾，陳列の魅力，顧客の階層，店内の混雑度）など店舗属性に対して多様な基準を用いる[8]。この諸基準における重要度は，どのような商品やサービスを購入しようとしているのかという内容によって異なる。

　またこの店舗属性について，消費者は自分で店舗を見たり，友人や知人からのくちコミや広告等から自己の知覚を通してストア・イメージを形成する。そしてこの店舗属性についての評価とストア・イメージの相互作用により，その店舗に対する消費者の態度，つまり選択対象となる小売店舗の全体的評価が形

成される。消費者が店舗属性に対する高い評価と好意的なストア・イメージを持てば，その店舗を選択する確率が高くなる。さらに選択した小売店舗での購入商品や購買体験による「店舗選択後の評価」が高ければ，良い経験として情報が蓄積され，次の購買時にも繰り返し選択される可能性は高くなるのである。

　ここでは，小売業の店舗選択行動を中心に見てきたが，サービス業の店舗選択においても同様のことがいえる。

図序-2　消費者の店舗選択行動の概念的モデル

出所：来住元朗「小売商業と消費者」来住元朗・増田大三・田中道雄『現代商業の構図と戦略』中央経済社，1989年，pp.160-161。

第3節　インターネットによる購買プロセスの変化

1．AIDMA から AISAS へ

　前節では購買意思決定プロセスの基本的な図式を述べた。本節では，インターネットでの情報検索が一般化した現代における消費者の購買行動プロセスの変化を取り上げる（図序-3）。

　消費者の購買行動を説明する枠組みの一つとして従来からよく知られている

「AIDMA（アイドマ）モデル」は，消費者がマス広告などの情報に接するにつれて，Attention（注意）とInterest（関心）をひき，その商品が欲しいというDesire（欲求）がおこり，Memory（記憶）に焼き付け，Action（行動）つまり購入するという流れで購買行動を説明している。

しかし，マス広告以外の情報源，特にインターネットが普及した現在では，マス広告などでAttention（注意）とInterest（関心）をひいてから，ネットでSearch（検索）し，購買というAction（行動）を起こす。その後，ブログや掲示板などに購買後の感想を書き込んで不特定多数の人々と情報をShare（共有）するというプロセス「AISAS（アイサス）モデル」へと変化している。さらにこれを拡張した「AISCEAS（アイシーズ）モデル」も提唱されている。

「AISCEAS」とは，「Attention（注意）」，「Interest（関心）」，「Search（検索）」までは同じであるが，同一商品の販売サイト間を比較する「Comparison（比較）」，そして他の人のくちコミを参考に検討する「Examination（検討）」，「Action（行動）」，「Share（共有）」である[9]。

図序-3　インターネットの登場による購買プロセスの変化

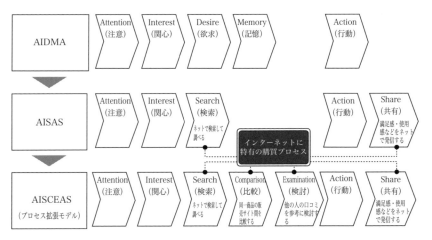

出所：総務省編『平成23年版 情報通信白書』ぎょうせい，2011年，p.61を一部修正。

インターネットが登場していない時代には，製品の情報収集は実際に店頭に赴き，実物を手に取ったり，店員の説明を聞いたり，カタログを見るといった手間と時間のかかる方法が中心であった。一方，インターネット時代になると，企業からの広報や広告のほかに消費者もその商品やサービスの情報を同じネット上で発信できるようになり，手間や時間をそれほどかけずとも莫大な情報の中から，自分にとって必要な情報を収集できるようになった。インターネットの出現は，消費者の購買意思決定プロセスの情報収集・代替案の評価の過程，そして購買後評価における評価情報を広く発信し，その情報が不特定多数の人々の情報収集に役立つようになったという点で大きな変化をもたらしている。

2．電子商取引（Eコマース）の拡大とO2Oの取組

　インターネットの普及により，日本の消費者向け電子商取引（BtoC-EC）の市場規模は，2008年の6.1兆円から2013年には11.2兆円に達し，EC化率では，2008年の1.8％に対して2013年には3.7％と5年間で2倍以上に比率が高まっている。また，2013年の業種別動向では，ほとんどの業種で2012年に比べて市場規模が拡大し，特に小売業では衣料・アクセサリーと医療化粧品で，サービス業では宿泊旅行業と飲食業において対前年比20％以上の高い伸びを示している[10]。

　総務省の調査によると，商品の購入についてネット店舗と実店舗のどちらで購入するかの質問に対して，「CD/DVD/BD類」および「本」の購入にネット店舗が多いとの回答があり，大型家電や家具，雑貨や日用品，薬や食品は実店舗で購入される傾向にある。この結果について，本やCD類は，Eコマースの初期から販売されていた物品で，その浸透が窺え，大型家電や家具類は配送料や設置作業等の有無により，また鮮度が重要な食品などは実店舗での購入が好まれていると分析している[11]。

　ところで，企業の電子商取引の事業拡大とともにスマートフォンやタブレット端末等のモバイル機器の普及を背景に，Eコマースの分野では，O2O（Online to Offline, Offline to Online）と呼ばれる取組が活発になっている。O2O とは，「ネット店舗やソーシャルメディア等のオンライン側と，実際の店舗を示すオフライン側の購買活動が相互に連携・融合し合う一連の仕組・取組のことを指す」[12]。

インターネットが普及した現在の購買プロセスにおいて，実店舗で商品を調べてからインターネットショップで購入する，つまり，実店舗では商品を見るだけで実際の購入はネットで行うという「ショールーミング」と呼ばれる行動をとる消費者が出てきている。特に本と小型家電でショールーミングの傾向が高い。このショールーミングを意識して実店舗側に誘導する取組も進められている。たとえば大手家電量販店の取組を見ると，①他店との価格保証，②取り置きサービス，③実店舗と通販サイト間のポイントの相互利用もしくは移動等がある。また書店では，店内で店頭にある本の電子版をその場で自社サイトにおいて購入可能にすることや，実店舗と通販サイトとのポイントを共有可能にする取組が行われている[13]。

前項においてインターネットの出現により消費者の購買プロセスにおける情報収集，代替案の評価の過程が変化してきていることを示した。図序-4 が示すように，インターネット経由で得た情報をきっかけに店頭に赴いた経験のある人が半数以上いる[14]。また，実店舗でもインターネットでも購入できる商品については，実際の商品が見たい，すぐに欲しい，といった理由から実店舗で購入することを選ぶと考えられる。実店舗側の O2O としては，オンラインクーポンによる実店舗への誘導や GPS 情報と地図情報を組み合わせた店舗検索といった取組が行われている[15]。

この他にもインターネットを通じて商品を注文すると，最寄りの店舗からその日のうちに食料品や日用雑貨等が届けられるサービスを提供する「ネットスーパー」を，大手の総合スーパーが手がけている。このネットスーパーには，小売業者の他にネット事業者や商社も参入している。このようにインターネットの出現により，消費者の購買行動の大きな変化に対応して，小売業もサービス業もマーケティングの分野で O2O の取組を積極的に行うようになっている。

序　章　小売業・サービス業と消費者行動　13

図序-4　インターネットの情報と店舗への誘導について

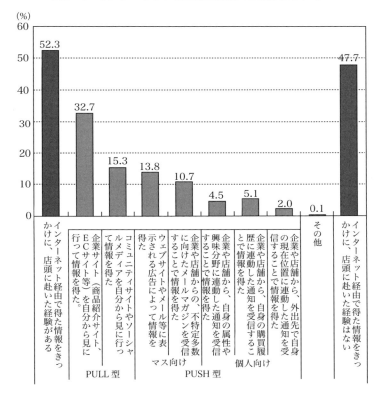

出所：消費者庁編『平成26年版 消費者白書』勝美印刷，2014年，p.48。

注
(1) 出牛正芳編著『基本マーケティング用語辞典 新版』白桃書房，2004年，p.93。
(2) 朝岡敏行「消費者の位置と機能」辻本興慰・水谷允一編『最新商学総論』中央経済社，1995年，p.53。
(3) 同上論文，p.54。
(4) 杉本徹雄「消費者行動とマーケティング」杉本徹雄編『消費者理解のための心理学』福村出版，1997年，pp.12-13。および塩田静夫『消費者行動の理論と分析』中央経済社，2002年，pp.3-4を参照。
(5) 消費者の購買意思決定およびその影響要因については，William J.Stanton, Michael

J. Etzel, Bruce J.Walker, *Fundamentals of Marketing*,10th.ed.,McGraw-Hill, Inc.,1994,pp.153-177、佐藤和代「消費者行動」三上富三郎編『新現代マーケティング入門』実教出版、1989年、pp.40-60、および井上崇通『マーケティング戦略と診断』同友館、1996年、pp.116-136を参照。

(6) 尾碕 眞「消費者行動と生活情報」小谷正守・伊藤セツ編著『消費経済と生活環境』ミネルヴァ書房、1999年、p.42。

(7) 来住元朗「環境としての消費者」増田大三・来住元朗・長井敏之・弘津真澄・谷内正往『現代小売業の構図と戦略』中央経済社、1995年、p.200。

(8) 鈴木安昭『新・流通と商業』有斐閣、1993年、pp.89-90。

(9) 電通広告事典プロジェクトチーム編『電通広告事典』電通、2008年、pp.13-15、および総務省編『平成23年版情報通信白書』ぎょうせい、2011年、pp.60-61を参照。

　また、「AISASモデル」をもう少し進めたものとして、「SIPS（シップス）」という概念も提唱されている。この中身は、「Sympathize（共感）」→「Identify（確認）」→「Participate（参加）」→「Share & Spread（共有・拡散）」である。

　これまでのモデルは、企業側が提供する情報が意思決定プロセスの出発点であったが、このSIPSはインターネットのSNSでの情報を含めた共感が意思決定プロセスの出発点になっている。（清水聰『日本発のマーケティング』千倉書房、2013年、p.34。）

(10) 経済産業省「平成25年電子商取引に関する市場調査」調査結果要旨、pp.1-2。
http://www.meti.go.jp/press/2014/08/20140826001/20140826001-2.pdf　2014年9月1日取得。

(11) 総務省編『平成26年版情報通信白書』日経印刷、2014年7月、p.188。

(12) 同上書、p.189。

(13) 同上書、pp.190-191。総務省の調査によると、ショールーミングの経験者は日本では7割程度おり、物品別では本と小型家電が3割前後あるが、大型家電については15%程度である。

(14) 消費者庁編『平成26年版 消費者白書』勝美印刷、2014年、p.48。

(14) 総務省編、前掲書、p.192。

第1章　小売業の状況と小売マーケティング

第1節　小売業の概念と役割

1. 小売業の概念

　小売業（retailing）は最終消費者に直接関わり，日常生活に欠かせない存在であり，身近なものである。そこで，小売（retail），小売業，小売業者（retailer）の概念を整理してみよう。小売とは大口販売では無く，小口に販売するものである。小口販売すれば小売かというと，必ずしもそのようではなく，この販売対象が問題となる。対象は個人，家族・世帯の生活維持のために商品を購入する最終消費者である。日本標準産業分類でも消費者の個人的使用や世帯維持のために商品を購買する消費者に対して販売することを小売としている。

　小売業とは最終消費者に直接有形商品を販売する業である。小売業者は小売業を営む企業，商業者，代理店である。

　小売（活動）は小売業のみでなく，メーカーの直売，卸売業が最終消費者に小口販売をすることがある。しかし，小売業の範疇には含まれない。それはメーカーや卸売業は小売業と違い，主たる業務が異なるからである。いいかえれば，小売業の主たる業務は最終消費者に有形財を販売する事業だからである[1]。

　このように最終消費者（以下，消費者と略す）と接する小売業は消費者に対する役割とメーカー，卸売業の販売代理の役割が求められている。

2. 消費者に対する役割

　小売業は消費者の購買代理人となり，消費者の購買行動を援助する役割を担っている。たとえばa: 消費者のニーズに合致した品揃えと在庫，適切な価格，

b: 情報を収集し, 発信する, c: 便利な場所, 距離, 快適な店舗, d: 付帯サービスによる買い物の楽しさ等々である[2]。

3. メーカー, 卸売業に対する役割

小売業はメーカー, 卸売業の販売代理人として, 商品供給, 商品開発を援助する役割を担っている。たとえば消費者情報の収集, 提供, 価値実現であろう[3]。

さらに, 小売業の役割は消費者への多様なサービスの開発, 提供が, また, 卸売業への品揃え協力体制やメーカーへの消費者情報提供による商品開発援助強化が求められている。さらに, 小売業は地域に存在していることから, その地域のまちづくりの核となる必要があろう。

小売業は取り扱う商品により分類され業種と呼ばれている。また, 小売業の運営形態により業態分類がなされている。

小売業は単独で立地していることもあるが, 多数の小売業が特定地域に立地して集合している状態を商業集積という。商業集積の形成は, 歴史的経緯などから自然発生的に形成されたものと, 開発業者や自治体などが計画的に形成したものとに分けられる。また立地条件によって, 都市型・駅前型・郊外型などにも分類できる。地域にある商店街などの小規模な商業集積は, 近年郊外型の大規模ショッピングセンターなどに押され, 空洞化が問題となっている。

小売業は歴史的にも長く, 消費者と直接取引し, 社会的にもその存在は認められているが, その存在は消費者またはメーカー, 卸売業から常に問われているといえる。

つづいて, 商業統計表を中心とし小売業の概況を見ていきたい。

第2節 小売業の事業所数, 従業員数, 年間商品販売額概況

1. 小売業の推移

小売業の推移は図1-1から 減少続く事業所数, 緩やかに増加傾向の従業員数, 減少に転じた年間商品販売額の推移を確認できる。これは昭和57年以

降の小売業の動きを指数（1982（昭和57）年＝100）で見たものであるが，1982（昭和57）年から2002（平成14）年には，事業所数が7割程度まで落ち込み，年間商品販売額は1.4倍，従業者数1.2倍となっている。しかし，対1982（昭和57）年で年間商品販売額，従業者数は増加しているものの，2002（平成14）年の前回比はいずれも減少していることが認められる。

　以下，『2005 我が国の商業』[(4)] および2004（平成16）年6月の商業統計調査（以下16年調査と略す）[(5)] に基づきながら，事業所，従業員，年間商品販売額について検討する。

図1-1　指数でみた小売業の推移

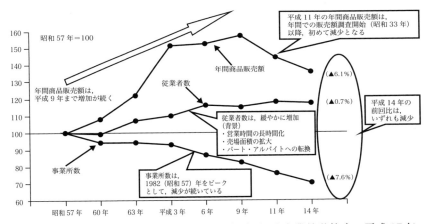

出所：経済産業省『2005 我が国の商業』（社）経済産業統計協会，平成17年，p.65。
注1）（　）内は，前回（1999（平成11）年）比（増減率）を表している。
注2）1999（平成11）年調査において事業所の捕そくを行っており，指数については時系列を考慮したもので算出している。

2．事業所数の変化

　事業所数は172万1千の1982（昭和57）年を頂点として，それ以降は減少が続いている。図1-1は，1982（昭和57）年＝100として2002（平成14）年を見ている。それによると2002（平成14）年は約70であり，1982（昭和57）年より30ポイントも減少したことが認められる。1999（平成11）年

と 2002（平成 14）年対比においても▲7.6 ポイント減少している。ちなみに 16 年調査によれば，2002（平成 14）年対比にて，さらに▲4.8％減少し，1,238,049 事業所となっている。2004（平成 16）年調査にても事業所の減少はとどまらず，減少の一途をたどっている。この水準は 1956（昭和 33）年 124 万 5 千事業所に続く低い数値である。

　図 1-2 によれば，業種別事業所数は 1985（昭和 60）年調査以降 7 調査連続の減少を示している特に 1994（平成 6）年以降の対前回比の減少数値は著しい。2002（平成 14）年前回比▲7.6％減は 1985（昭和 60）年調査以降一番大きい減少数値である。1994（平成 6）年以降，衣料品・化粧品小売業の事業所が対前回比伸びたことが認められる。

図 1-2　業種別事業所数の伸び率寄与度の推移

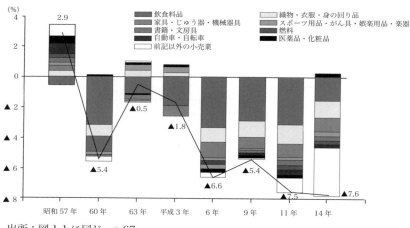

出所：図 1-1 に同じ，p.67。

3.　従業者数の変化

　従業者数は，図 1-1 によれば事業所が減少する中で緩やかな増加を示している。それは営業時間の長時間化や売場面積の拡大，パート・アルバイトへの転換などによる。図 1-3 によれば従業者数の 2002（平成 14）年前回比は▲0.7％の減少となっている。業種にて増減が見られ，事業所の数値のようにほぼ一律

図1-3 業種別就業者数の伸び率寄与度の推移

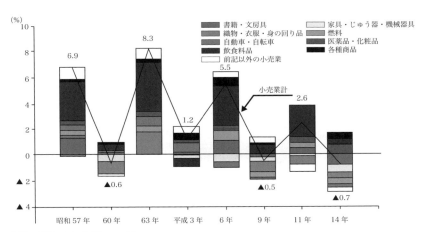

出所 図1-1に同じ，p.81．
(注) 1999（平成11）年以前については，臨時雇用者数及び出向・派遣受入者数は含まず．

に減少しているわけではない．ちなみに，2004（平成16年）調査前回比は▲0.5％減と引き続き減少となった．

4. 年間商品販売額の変化

年間商品販売額は，図1によれば1982（昭和57）年から1991（平成3）年にかけ，急速に増加し，1997（平成9）年まで増加傾向で推移していたが，その後，景気低迷に伴う消費不振や価格の低下などから，1999（平成11）年には年間販売額調査を開始した1958（昭和33）年以降初めて減少に転じ，2002（平成14）年も引き続き減少となっている．ちなみに2004（平成16）年調査における小売業の年間商品販売額は，133兆2,786億円で前回比▲1.4％の減少である．2004（平成16）年においても引き続き減少はみられるものの，その減少幅は縮小している．

図1-4によれば，年間商品販売額の1994（平成6）年前回比は3割ぐらいが減であり，1997（平成9）年に持ち直したかに見えたが，1999（平成11）

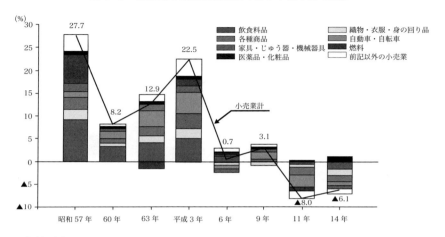

図1-4 業種別年間商品販売額の伸び率寄与度の推移

出所:図1-1に同じ,p.70。

年は▲8.0減とほとんどの業種の販売額が減少し、さらに2002(平成14)年前回比は▲6.1%減である。このことは、年間の販売額調査開始(1958(昭和)33年)以降初めて減少となった1999(平成11)年に引き続き減少を示している。

以上から、小売業は事業所の減少、従業者の緩やかな伸び、年間販売額の低迷が続いていることが確認できた。このように小売業は全体的に引き続き厳しい状況であり、業種別に見ても減少傾向が確認できた。以下、続いて小売業の規模別状況をみてみたい。

第3節　小売業規模別の変化と状況

1. 従業者規模別による事業所数、年間商品販売額の変化

図1-5は小売業の構造変化を、従業者規模別構成比の推移でみたものである。それによると①事業所数は、昭和37年(40年前)には2人以下規模の事業所が7割強を占めていたが、その割合は調査を追うごとに縮小し、平成14年には46.4%と20%強減少し、5割を下回っている。

図1-5 従業者規模別の変化

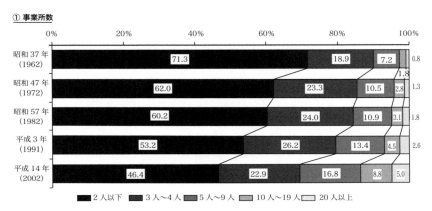

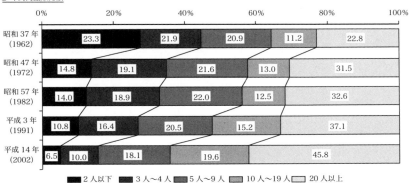

出所:図1-1に同じ,p.86。

②年間商品販売額(図1-5)は,1962(昭和37)年には2人以下規模(23.3%)と3〜4人規模(21.9%)で45%を占めていたが,2002(平成14)年には約17%まで縮小している。一方,20人以上規模の事業所では,1962(昭和37)年の22.8%から2002(平成14)年には45.8%へと大きく拡大している。

2. 売場面積規模別,事業所数,年間商品販売額の変化

図1-6は売場面積規模別に見た事業所数,年間商品販売額の推移を見たも

のである。図にしたがい，小売業の動きを売場面積1000㎡以上と1000㎡未満に分けて見ると，① 事業所数は，1982（昭和57）年をピークとして減少が続いているが，これは売場面積1000㎡未満の減少によるもので，1000㎡以上の事業所では，一貫して増加が続いている。②年間商品販売額は，売場面積1000㎡未満の事業所では，1994（平成6）年をピークに減少傾向にある。一方，1000㎡以上の事業所は増加傾向で推移していたが，1999（平成11）年，2002（平成14）年と，その水準は横ばい傾向となっている。

図1-6 売場面積規模別にみた事業所数，年間商品販売額の推移

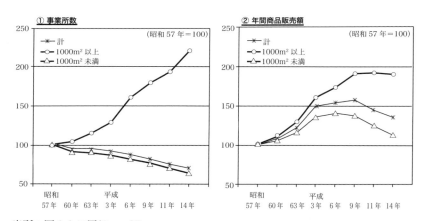

出所：図1-1に同じ，p.87。
(注1) 指数については，1982（昭和57）年を100とし，売場面積規模別の前回比を用いて算出した。
(注2) 1999（平成11）年に事業所の捕そくを行ったことから，前回比については時系列を考慮したもので算出した。

以上から，従業員規模が多い小売業，売り場面積が大きい小売業の成長が顕著であり，他方，従業員規模が小さな小売業，売り場面積が小さな小売業は厳しい状況といえよう。

つづいて，小売業が多くの顧客を確保する小売マーケティング・ミックスを見ていきたい。

第4節　小売マーケティング・ミックスの形成と要素

1. 小売ミックス

　マーケティング・ミックス[6]を小売業に援用したものを小売ミックスと呼んでいる。マーケティング・ミックスは一般的に製品（Product），価格（Price），立地（Place），促進（Promotion）であり，それを市場標的に対して，最適に組み合わせることをマーケティング戦略という。

　小売業（店）は，より多くの消費者の愛顧や購買を獲得するために，小売ミックスの要素を最適に組み合わせることにより，競合店に対する差別的優位性を追求している。この競争の中で，小売ミックスのパターンとしての小売業態も進化，成長あるいは衰退し，また新たな小売業態が生まれてくる。

表1-1　分類次元と小売ミックスの要素

分類次元	小売ミックスの要素	
	店舗	商業集積
品揃え	品揃えの品質水準 品揃えの広さ・深さ	業種・業態構成
立地	公共交通機関（電車・バス等）によるアクセス，自家用車・バイク・自転車・徒歩によるアクセス，駐車・駐輪場	公共交通機関（電車・バス等）によるアクセス，自家用車・バイク・自転車・徒歩によるアクセス，駐車・駐輪場
店舗施設	店舗レイアウト，BGM，空調，エレベーター，エスカレーター，トイレ，照明器具，休憩室	施設・空間レイアウト，モール，BGM，空調，エレベーター，エスカレーター，トイレ，休憩室
プロモーション及び付帯サービス	販売員活動，広告，パブリシティ，セールス・プロモーション，返品，クレジット受け入れ，デビットカード・電子マネーの使用可能性，配送	広告，パブリシティ，セールス・プロモーション，レジャー施設，デビットカード・電子マネーの使用可能性
価格	表示価格，割引・値下げ	特売

出所：田村正紀「消費者の買い物行動」鈴木安昭・田村正紀（1980）『商業論』有斐閣，p.91を青木均（1999）「小売業」『現代流通論』修正し，2007年石川和男「新業態としてオリジナティとそれを生む要因」『中小小売業の新業態に関する調査研究』（財）中小企業総合研究機構 p.47にて加筆・修正したものを使用した。

小売ミックスは，品揃え，立地，買い物環境，価格，プロモーション（付帯サービスを含む）の各次元に分けて，表3-1のように要素を整理することができる[7]。

2. 小売ミックスの各要素

ここでは小売店舗を中心とした小売ミックスの要素，品揃え，立地，店舗施設，プロモーションおよび付帯サービス，価格について説明する[8]。

(1) 品揃え

品揃えは幅（狭い，広い）と深さ（浅い，深い）によって，相対的に表現される。たとえば，コンビニエンスストアと文具店を比較すると，品揃えの幅ではコンビニエンスストアの方が「広く」なり，文具店の方が文房具と呼ばれるものしかないために「狭く」なる。しかし，文房具について考えると，コンビニエンス・ストアは基本的な品揃えであるため「浅い」品揃えとなる。それに比較して，文房具店は「深く」なる[9]。同じ売場面積では，品揃えの幅を広げると深さを浅くせざるを得ないが総合化となる，逆に深くすると幅を狭め専門化となる。総合化をすると，日常的な商品は便利であり，近隣の顧客の支持を受ける。専門化をすれば職業的，趣味的な商品選別ができ，広い地域からの来店が期待できる[10]。

売場面積の制約がなければ幅の広さと深さを限りなく求めることができるが，制約的要因があり売場面積は限界がある。

(2) 立地

小売業の店舗にいかに多くの顧客を吸引することができるかどうかは，小売業（店）の立地が大きく影響する。立地決定は簡単ではないが，わが国のコンビニエンス・ストアが成功[11]している要因の1つである。立地を考えるときには，顧客の居住地や多くの時間を日常過ごしているような場所（立地）からの距離を重視する。ところが，いくら距離が近くても，店舗との間に大きな道路や川などがあり，時間がかかるような場合は顧客の行動に影響を与える。いいかえれば，小売業または商業集積への距離があっても，公共交通機関の発達

や，あるいは道路状況が良ければ，顧客にとっては魅力的な立地となる。一般的に，ショッピングセンターは郊外の主要道路に隣接し，駐車場が大きく，自動車での買い物が便利である。立地は郊外であるが，顧客にとっての自動車利用の買い物のしやすさにより，顧客の居住地より遠くても集客が容易と思われる。

(3) 買い物環境

顧客の小売店舗内での買い物環境は重要である[12]。店舗施設は顧客の店舗内での動きに対応して，設計・整備されなければならない。店舗施設等の要素としては，店舗レイアウト，空調，エレベーター，エスカレーター，トイレ，休憩室等がある。これらは店舗施設のハード面の要素といえる。また，店舗施設というとハード面の要素ばかりが浮かぶが，小売店舗内を流れるBGMや快適な温度，照明などというソフト面の要素も重要である。

空調は，顧客の店舗内での過ごしやすさのためである。また，照明は，店内回遊，商品の提示に大きく関係する。

エレベーター，エスカレーターは，まず安全性の確保である。つづいて便利性であり，安全点検を確実に行うことや，より安全性の高いものに取り替える必要がある。

トイレは，衛生面の確保である。営業時間内は頻繁に清掃し，清潔に保ち，きれいで消費者が立ち寄る場所にしなければならない。

バリアフリー化（ユニバーサルデザイン）を進めなければならない。高齢化と身障者の顧客考慮が必要である。

消費者の休憩室であるが，特別な部屋を作ることができなければ，ベンチを置き休息できるようにすることが必要である。

健康増進法の施行以来，小売店舗内は禁煙とする店舗が増加している。喫煙顧客いることから，喫煙室や喫煙場所を設けなければならない。喫煙場所として店舗入り口に灰皿を置いている小売店舗があるが，受動喫煙に注意すべきであろう。

BGMは小売店舗で取り扱っている商品や店舗環境に合ったものを使用すべ

きである。

(4) プロモーションおよび付帯サービス

　プロモーションには，地域の顧客に対して誘引のために行うプロモーションと店舗内での購買意欲を高めるプロモーションの2つがある[13]。地域の顧客に行うプロモーションの代表的なものは，新聞の折込広告である。新聞購読者が新聞記事を読むよりも，毎朝の新聞に入る折込広告が楽しみという読者もいるほどである。また，地域のプロモーションにはパブリシティがある。パブリシティはしばしば広告と混同されることがあるが，広告は有料形態であるのに対し，パブリシティは取り上げる自由は媒体側にあり，基本的に無料形態であり，信頼性は高い。

　小売店舗内におけるプロモーションは，対面販売の小売業の場合は，人的販売（販売員活動）によるところが大きい。販売員からの情報提供や接客により，顧客の購買が左右されることが多い。

　また，小売店が一般的に行うセールス・プロモーションには，ポイントカードの発行やPOP広告，催事（イベント），試食・試飲等がある。ポイントシステムを導入することは，小売店にとっては，将来にわたって顧客に対して経済的なサービスを提供しなければならない。しかし，ポイントカードを所持した顧客はリピーターになる可能性がある。ポイント発行時に顧客の名前，住所，生年月日等を記入してもらい，それをコンピュータで顧客管理し，プロモーション活動が効率的に進めることが出来るというメリットがある。

　折り込み広告が来店客を促すのに対し，店舗内で顧客の購買額を増加させるのがPOP広告である。特に消費者が計画外購買（衝動買い）[14]するような商品はPOP広告影響が大きい。また，小売店舗内では催事が重要である。催事をうまく利用することにより，季節感のある売場を演出し，顧客を引きつけることも大切である。さらに＊＊周年記念，創業祭などにより，常に変化する売場を作り上げることが重要である。そのほか，食料品等を取り扱っている小売業では，顧客に試食してもらう販売を促進することも必要である。また非食品でも顧客に体験してこのもらうことが重要である。

その他に，返品に対応したり，クレジット・カードや電子マネー等が使用可能な環境にすることが必要となろう。また配送や商品設置サービスも重要である。

このプロモーションおよび付帯サービスは顧客により満足な購入をしてもらい，さらに一度購入した顧客が継続購買するための仕組みづくりの大切な要因の一つである。

(5) 価格

消費者が満足する価格決定が重要であるが，価格の設定には大きく分けると以下のようになる[15]。

1) コストに基づいた価格設定。この方法には，コスト・プラス法と損益分岐点を用いた価格設定法がある。コスト・プラス法は，ある一定の利益率をコストに加えて価格を設定する方法ある。損益分岐点を用いた価格設定法は，たとえば価格設定を高くし，少ない販売量で，損益分岐点を引き下げ黒字とする。しかし，需要量のが低下が懸念される。

2) 需要に基づいた価格設定。需要面に対する買い手側の知覚に基づいて価格を設定するものである。

3) 競争に基づいた価格設定法。この方法は，コストや需要ではなく，競争製品（商品）のライバル企業価格に価格設定基準をおく。

価格設定については商品ミックスを考慮した価格対応（プライス・ライニング戦略，抱き合わせ価格戦略，キャプティブ価格戦略）があるが，特に小売段階においては顧客の心理面を考慮した価格対応が重要である[16]。

端数価格：顧客に最大限値引きしているという印象を与えるために9や8，2を使用した価格。

威光価格：名声価格とも呼ばれ，顧客が実際の商品品質を評価することが難しい場合に，品質の判断基準として用いられ，ステイタスシンボルとなる商品に用いられる。

慣習価格：長期間価格が変化しない商品が顧客の心理に慣習化した価格

また，小売業者が行う価格管理の1つである価格割引は vii 現金割引，数量

割引,機能割引,季節割引がある[17]。

第5節　小売業種と業態

1. 業種の概要と分類

　小売業種とは小売業者が取り扱っている商品の種類による分類である。商業統計表は日本標準分類にしたがい区分されている。区分には取扱商品の売り上げが50％以上であることが原則である。取扱商品がいずれも50％に達しない場合は各種商品小売業に分類される。
　業種による小売業が存在するのは,取扱商品を集中し専門化することにより,効率化が達成できるからである。(小売業種は表1-2を参照)

2. 業態の概要と分類

　業種は取扱商品の種類による分類であったが,業態は小売業者の経営方法による分類である。この分類は,1.営業形態,百貨店,スーパーマーケット,総合スーパー,コンビニ,ディスカウントストア,ホームセンター,ドラッグストア,専門店,無店舗販売,2.経営形態,独立小売業,組織化小売業,3.企業形態,個人組織,会社組織,協同組合組織である。ただし一般的に業態というと営業形態を示すことが多いことから,営業形態を業態としておきたい(業態は表1-3参照)。営業形態は小売マーケティング戦略の類似形態による分類である。小売業者は競争優位を導き出すために,消費者に対してさまざまな小売ミックスを駆使し,戦略を構築する。競争構造のなかで,著しく成長する小売業を見出すと,生産性向上を目指し,それを模倣する小売業者が現れる。模倣した小売集団が形成されてくる。この集団を業態として把握する。しかし,環境変化の中で革新的小売業は小売ミックスを常に変化させ競争優位に立つ戦略を構築し,それを模倣する小売業の出現により,ある時点で分類した業態は時間経過とともに,異なった形態に変化させていくといえよう。その意味で業態分類とその把握は困難性を伴う。業態変化の仮説を次に検討する。

表1-2　商業統計による小売業種

55	各種商品小売業	58	自動車・自転車小売業
	551　百貨店，総合スーパー		581　自動車小売業
	559　その他の各種商品小売業（従業者が常時50人未満のもの）		582　自転車小売業
		59	家具・じゅう器・機械器具小売業
56	織物・衣服・身の回り品小売業		591　家具・建具・畳小売業
	561　呉服・服地・寝具小売業		592　機械器具小売業
	562　男子服小売業		599　その他のじゅう器小売業
	563　婦人・子供服小売業	60	その他の小売業
	564　靴・履物小売業		601　医薬品・化粧品小売業
	569　その他の織物・衣服・身の回り品小売業		602　農耕用品小売業
			603　燃料小売業
57	飲食料品小売業		604　書籍・文房具小売業
	571　各種食料品小売業		605　スポーツ用品・がん具・娯楽用品・楽器小売業
	572　酒小売業		
	573　食肉小売業		606　写真機・写真材料小売業
	574　鮮魚小売業		607　時計・眼鏡・光学機械小売業
	575　野菜・果実小売業		609　他に分類されない小売業
	576　菓子・パン小売業		
	577　米穀類小売業		
	579　その他の飲食料品小売業		

出所：商業統計より作成。
（注）商業統計表は日本標準産業分類にしたがっている。

表1-3　商業統計による業態分類

1.百貨店	5.その他のスーパー
1 大型百貨店	うち各種商品取扱店（注2）
2 その他の百貨店	6.専門店
2.総合スーパー	1 衣料品専門店
1 大型総合スーパー	2 食料品専門店
2 中型総合スーパー	3 住関連専門店
3.専門スーパー	7.中心店
1 衣料品スーパー	1 衣料品中心店
2 食料品スーパー	2 食料品中心店
3 住関連スーパー	3 住関連中心店
4.コンビニエンス・ストア	8.その他の小売店
うち終日営業店	うち各種商品取扱店（注3）

出所：商業統計より作成。

第6節　小売業態の変化に関する仮説検討

小売業態に関する生起と発展に関する小売の輪の仮説，リーガンの仮説，小売アコーディオンの仮説，真空地帯仮説等を検討したい[18]。

1.　小売業の輪の仮説

M.P. マクネチァー（M.P.McNair）が1957年仮説提唱し，その後S.C. ホランダー（S.C.Hollander）が論理展開し，小売の輪と名づけた[19]。

新しい小売業態は，低価格訴求を中心とし，提供サービス，設備など革新的なコストコントロールを通じ，既存小売業者より低価格で市場に参入する。この革新的な小売業者は，価格競争力によって成長し，市場での地位を確立する。同様のシステムで低価格を実現した追随業者が登場し，競争が激化する。低価格競争中心なので，企業成長には限界があり，品揃えやサービス，設備の向上などを通じた競争形態へ移行する。このトレーディングアップ（格上げ）による移行は，革新的な小売業者が登場した時の低コスト・低マージン経営から，高コスト・高マージン経営へと移行を余儀なくされる。よって，価格が上昇し，次の革新的小売業者が，低マージン，低価格の形態で市場に参入をはかり新たな輪は回り始める。このように，「輪」が一回りするごとに，新たな革新的業者が登場し，小売業の革新が進んでいく。

マクネチァーは，アメリカでの百貨店，バラエティストアやスーパーマーケットなどのチェーンストア，戦後のディスカウントストアなどの主な小売形態の革新がこの小売の輪の理論仮説にあてはまるとしている。

日本でも，流通革命の旗を掲げたスーパー・ダイエーが，1970年代に百貨店・三越の売上を抜き去り，スーパーの時代を築いた。ところがその後の成熟過程で輪が一回りし，スーパーは百貨店と似たような業態となり，そこへカテゴリーに特化して低価格を訴求する革新的業者が登場し，新たな業態が市場確立したという動向は，小売の輪の理論に当てはまるといえる[20]。

しかし，コンビニエンスストアは，定価販売，高マージンで参入を果たし，業態として確立した。これは利便性が消費者に受け入れられたと考えられる[21]。小売業態の革新は小売の輪の理論で唱える低価格要因のみでなく，業態が提供する消費者への革新性や適合性も要因として考察する必要があろう[22]。

2. 真空地帯理論

O. ニールセン（O.Nielsen）が提唱した小売業態の進展を説明する「小売の輪の理論」（M.P. McNair）を展開させた仮説である[23]。小売業の進展や市場変化による環境変化は，既存の小売業態では市場対応できない真空地帯が生まれる。それを埋める新たな小売業態が出現する。

小売の輪の理論は，新たな業態を低価格訴求により市場に現れ，同業態間での低価格競争を差別化するために提供する品揃えやサービスが引き上げられるとしているが，真空地帯理論は，消費者の評価を取り入れ，消費者が最も評価している価格・サービス水準を志向する。高価格・サービス・低格・サービスのいずれからも消費者評価によるため，革新的な業態が出現する可能性（真空地帯が生まれる可能性）がある。新規業態は，消費者が最も評価している品揃えやサービス水準を提供している業態であり，競争の厳しいところではなく，真空となった地帯に現れる。

真空地帯理論では，小売の輪の理論と異なり，高価格・高サービスで参入する小売業態の出現を論じたことは評価できるが，業態の進展について，価格と提供サービス水準だけで説明することができるのか疑問である[24]。

3. アコーディオン理論

アコーディオン理論はE. ブランドにより提唱され，S.C. ホランダーにより命名された[25]。この理論は総合的な商品を品揃えする小売業と，専門的な商品を品揃えする小売業が交互に出現し，小売業革新が進展する。このように「専門化」と「総合化」が循環すると考えるのである。扱い品目を増やして総合化していく過程は，ちょうどアコーディオンが広がる様子と同じ現象に見える。

また，専門化し，扱い品目を絞る過程はアコーディオンを閉じていく様子に同様に見えることから名前が付けられた[26]。

最近は時間経過の繰り返しではなく，総合化と専門化が同時に展開されている。品揃えへの総合拡大と専門縮小の循環とは必ずしも言えない[27]。

第7節　小売商業集積間の競争法則と商圏理論モデル

1. ライリーの法則

2つの都市がその間にある都市から顧客を吸引する場合は，その2つの都市の人口に比例し，距離の2乗に反比例する。小売引力の法則とも呼ばれている。

都市Aと都市Bの中間にある都市において，ある商品を販売する商店がないとすると，その商品を購入するために都市Aと都市Bへ流れる小売取引の比は，「都市の人口の比に比例し，都市と都市への距離の二乗に反比例する」という考え方である。

公式

$$\frac{Ba}{Bb} = \frac{Pa}{Pb} \times \left(\frac{Db}{Da}\right)^2$$

Ba：都市Aが中間都市から吸引する小売取引
Bb：都市Bが中間都市から吸引する小売取引
Pa：都市Aの人口
Pb：都市Bの人口
Da：中間都市から都市Aまでの距離
Db：中間都市から都市Bまでの距離

2. ライリー&コンバースの法則

コンバースがライリーの法則を用いて「2つの都市の商圏分岐点」の法則を導きだした。一定の距離があるA都市とB都市間の商圏がどこまで影響を及ぼすのか，その分岐点の距離を求めるものである。

公式

3. ハフモデル

$$\mathrm{Db} = \frac{\mathrm{Dab}}{1 + \sqrt{\frac{\mathrm{Pa}}{\mathrm{Pb}}}}$$

Db ：都市 B と商圏分岐点の距離
Dab：都市 A と都市 B 間の距離
Pa ：都市 A の人口
Pb ：都市 B の人口

ハフモデルは，1960 年代にダビッド・L・ハフ（David Huff）が作成したモデルである。ある店舗に消費者が買い物に出かける確率を，他の店舗との競合状況を考慮しながら予測する。消費者は，近くにある大きな店舗へ行くという一般的な傾向を前提にして選択する確率を，店舗の売場面積に比例し，そこまでの距離に反比例する。消費者が買い物をするときに店舗をどのように選択するか。このモデルは，これについて以下の 3 つの要因により説明される。

①身近な店舗を指向すること
②品揃えの豊富な（施設規模の大きな）店舗を指向すること
③駐車場が整備されているなどの利便性が高い店舗を指向すること

つまり，ある地区に対するある店舗の吸引力は，その地区とその店舗の距離に反比例し，店舗の規模に比例することになる。数式で表すと以下のようになる。

「距離の抵抗係数」とは，「遠くまで買いに行くことをどの程度面倒に感じる

$$P_{ij} = \frac{\left(\dfrac{S_j}{D_{ij}^{\lambda}}\right)}{\left(\sum\limits_{j=1}^{n} \dfrac{S_j}{D_{ij}^{\lambda}}\right)}$$

P_{ij}：i 地点の消費者が，店舗 j で買い物をする確率
S_j ：店舗 j の売場面積
D_{ij}：i 地点から店舗 j までの距離（時間距離の場合もある）
λ ：距離の抵抗係数
n ：競合店舗の数

か」を数値で表したものである。食品や日用品などの最寄り品であれば，できるだけ近くで購入したいために抵抗係数は大きくなり，品質や価格を比較検討して購入する，家電や衣料品などの買いまわり品であれば，遠くまで出かけて探すこともあるため，抵抗係数は小さくなる。

日本では，商業調査を行ううえでの審査指標として，ハフモデルを日本の現状に合わせ修正ハフモデルを採用した。これは，時間距離の抵抗係数λを2としたモデルで，1980年代に，当時の通産省（現在の経済産業省）が，大規模小売店舗法に基づく出店審査の基準として設定した。この修正モデルをもとに，大規模店舗が近隣商店街に及ぼす影響が予測された。

消費の多様化が進み，新業態の店舗が増えている現在では，商圏予測を行うとき，従来要因の売場面積と距離だけではなく，複数の要因を加え，店舗や地域の魅力度を考慮し総合的に算出する必要がある。魅力度要因は，駐車場の広さ，営業時間，商品の価格，複合設備の状況，場所の利便性，交通ネットワーク，地域のブランド力，店舗のブランド力などさまざまである。

第8節　小売業と流通政策によるまちづくり

住宅地の郊外移動とモータリゼーションは小売業をロードサイドや郊外に立地させた。大規模小売業の郊外立地や役所，病院等の公的機関は郊外へ移転し，中心市街地は衰退の一途を辿っている。それに伴い中心地の人口も減少している。全国の多くの中心市街地の傾向といえよう。

小売業は住民への生活物資，情報提供，賑わい，地域文化の担い手でもある。中心市街地の商業集積はその役割を継承してきた。しかし，中心市街地の空洞化に小売業はその役割を果しているとはいいがたい。そこで小売業の活性化と地域の発展を配慮した，都市と流通の融合した地域づくりを目指した政策が展開されている。

この観点から本格的に推進されたのは98年の中心市街地における市街地の整備改善及び商業等の活性化の一体的推進に関する法律（中心市街地活性化法ま

たは中活法と略して呼ばれているが，ここでは中活法と略す）[28]，大規模小売店舗立地法（以下，大店立地法と略す）[29]の制定と都市計画法（00年改定，06年改正都市計画法）[30]のいわゆるまちづくり3法制定・改正以降といえる。

中心市街地活性化法は91年に制定された特定商業集積整備法（以下，特集法と略す）に辿ることができる。特集法は当時の通産省，建設省，自治省の3省共管のもとに推進された。これは縦割り行政の中で3省が関わり流通政策と都市政策を推進することから画期的な法律あった。この法律の適用を受けた地域は大型商業施設を開設し，地域活性化を推進した。しかし，都市中心部の衰退は進展し，中心市街地を活性化する中活法に役割を譲り06年に廃止された。

大店立地法は1998年に制定され，それまで1973年から大型店を規制した大店法は終わりを告げた。大店法は経済的規制を大店立地法は社会的規制となり，さらに対象面積，調整ポイント，調整方法，調整機関も変わった。

改正都市計画法は1968年制定を2006年に中心市街地活性化のために大型店の郊外出店を規制することから改正したものである。この改定により床面積1万平方メートル以上の出店は市街化地域の近隣商業地，商業地域，準工業地域に限定された。

まちづくり3法により，まちづくりを考慮した流通政策が展開し始めたといえよう。

第9節　小売業とコンピュータ・システムによる情報化

1．POSシステムによる情報化

商業は生産部門のような機械化はありえないと過去にいわれたが，現在はコンピュータを中心とする重装備化は一般的となった[31]。とりわけ，販売時点でのコンピュータ管理はPOSシステムと呼ばれSA（ストア・オートメーション）の推進役となった[32]。さらに，ネットワーク化は物流の合理化，企業間取引，電子データ交換を可能にし，商業の生産性を向上させた。また，コンピュータのデータから見えない市場変化を分析することにより，効率的在庫管理を進め，

市場の必要性に対応している。いうまでもなく，アイテム数が多く，入力に不向きな取引体制を標準化したのが，バーコードにほかならない。

POSシステムはコンピュータを利用し販売時点で売れた商品等の情報を瞬時に把握する販売時点情報管理システムである。つまり，このシステムでは売れた商品の情報を単品で捉え，コンピュータを利用し商品管理や販売管理，顧客管理等に利用するものである。

単品管理であることから売れ筋商品，死に筋商品が把握可能であり，コンピュータを駆使していることから即，情報を入手でき，即座に売れ筋商品と死に筋商品を知る事ができることが特徴の一つである。

また，顧客管理の活用が可能となるが，通常カードを利用し，顧客の購買動向を把握することが多い。さらに，従業員管理に活用できる，販売データに販売員コードを付すと販売員の成績，能力，生産性が把握できる。周知のように，コンビニはPOSの情報を人間が創造的処理し新製品開発や経営意思決定に役立てている。

このシステムにより多くの情報が得られるが，この情報は過去のものであり創造的ではないことや，収集情報はそのシステムを使用している範囲に限定されていること確認しておきたい[33]。

POSシステムは商業の情報化といえるが，正確にはコンピュータ化，機械化というべきだろう。したがって，機械と人間の協同システムが構築される必要があろう[34]。

また，インターネットの普及は友人，知人の個人的コミュニケーションを手軽なものとしたが，それに留まらず，個人と企業の情報の受発信を簡単にした。インターネット利用による情報検索や，予約，買い物は日常化しているといえる。小売業も仮想商店を設置し，消費者と取引しているところも少なくない。

2. POSシステムの小売経営への利用

POSシステムは省力化，商品管理，顧客管理，取引管理，従業員管理等に活用される。このうち商品情報を活用する商品管理と顧客情報を活用する顧客管

理について検討する。

　商品管理の商品売り上げ基礎データは分析され，適切な品揃え，適切な価格，適切な在庫を実現する。さらに，在庫商品の売れ筋，死に筋把握が即分ることから死に筋商品の早期カットと売れ筋商品への在庫への絞り込みが出来る。ただし，ステープル商品は ABC 分析を，ファッション商品は販売率を利用する。POS は単品管理により個々の商品の状況を具体的に把握出来るが，単品にて数量的把握をすると売れない商品は常にカットしてしまいがちなので，見せ筋商品，季節商品，特殊商品等には注意を要する。また，商品価格との関連や商品陳列，販売方法，ショッピング・バスケット分析を考慮する必要があろう。

　顧客管理はカード等が利用され購買傾向，商圏把握に利用されている。このカード等は入会時に会員属性を記入している事から顧客が買い物する都度購買データによって顧客管理分析が可能になる。たとえば顧客の期間の購買順位，来店頻度によって，商店の支持顧客を把握出来る。また，地区別購買順位によって商圏地図を作成し商圏の偏りや，弱い地域を把握し検討する。また商圏地域を分割しオピニオンリーダをパネラーとして定期的に商圏パネル調査をする必要があるだろう。さらに購買商品から消費者行動やパターンを読み取る必要があろう。さらに友の会の集いを開催したり，アンケートにより意見を聞き情報分析に役立てる等である。

第 10 節　小売業の商品企画と開発

　消費者の購買代理人としての小売業は常に顧客を創造してきた。それは歴史的にも証明されている。しかし，現在では，単なる商品品揃えによる顧客創造から，消費者情報を収集し，消費者の望む商品を企画開発する小売業は成長してきている。小売業はいうまでもなく消費者と接点を持つものであり，消費者の必要情報は入手できる。

　メーカーは小売業からの情報を活用し新商品を開発するのであるが，商品開発はメーカーだけのものではない，小売業は自ら消費者情報を持ちうる訳であ

り，それに対応しなければ企業成長はありえない。

　コンビニエンスストア，スーパーのPOSシステムは消費者情報を蓄積し，その情報をもとに文房具，弁当，パン，清涼飲料水等の新商品開発が行われているのは周知の事実であろう。また，コンビニエンスストア，スーパーはPB（プライベート・ブランド）による商品企画を軸に品質と価格を差別化し，消費者に対応している。PBは過去中小メーカーが製造するのが普通であったが，近年は巨大メーカーが生産していることが一般化している。

　無印良品店は独自の商品価値を中心とした無印良品ブランドは消費者の支持を受け成長した。

　小売業はこれまでの価値の交換・取引から，消費者の感性的な価値の商品開発による商品提供・交換・取引が要求されている。

注
(1) 石川和男『基礎からの商業と流通』中央経済社, 2004年, pp.123-134。上田善博「小売商業」寶多國弘・朝岡敏行・城田吉孝・尾碕 眞『現代商業の課題と展開』ナカニシヤ出版, 1998年, pp.21-22。
(2) 石川, 同上書, p.135。上田, 同上書, p.22。
(3) 石川, 同上書, p.136。上田, 同上書, p.22。
(4) 経済産業省『2005 我が国の商業』(社)経済産業統計協会, 2005年。
(5) 経済産業省『商業統計表』(財)経済産業調査協会, 2004年。
(6) マーケティング・ミックスはE.Jマッカーシー（E. J. McCarthy, *Basic Marketing: A Managerial Approach*, Rev. ed., Richard D. Irwin, Inc., 1964, pp.38-40.）の1.製品（product），2.価格（price），3.位置（place），4.販売促進（promotion）から構成されるとし，英語の頭文字をとり4Pと呼ばれている。しかし，マーケティング・ミックスは4要素のみではない，たとえばN.H.ボーデン（Neil H.Borden）は1.製品計画，2.価格決定，3.商標化，4.流通経路，5.人的販売，6.広告，7.販売促進，8.包装，9.ディスプレイ，10.サービス，11.物的取り扱い，12.事実の発見の12要素をあげている。N.H.Borden,"The Concept of the Marketing Mix," *Journal of Advertising Research*, Vol.4, June 1964, pp.2-7. 詳しくは，加藤勇夫, 前掲書, p.144参照。また，加藤勇夫はマーケティング・ミックスの明確化は1960年マッカーシーの4Pで一般化

されたのであるが，戦略的構成要素を再定義する試みがなされなかったと指摘し，出牛正芳の論述（出牛正芳「マーケティング・ミックスの戦略的観点」『専修経営学論集』第 22 号，1977 年，pp.99-119）を参考にして，4 つの同心円からなる図を示している（加藤，前掲書，pp.131-132）。
(7) 青木 均「小売業」兼村栄哲・青木 均・林 一雄・鈴木 孝・小宮路雅博『現代流通論』八千代出版，1999 年，p.88。
(8) 田村正紀「消費者の買い物行動」鈴木安昭・田村正紀（1980）『商業論』有斐閣，p.91 を青木 均（1999）「小売業」『現代流通論』修正し，2007 年石川和男「新業態としてオリジナティとそれを生む要因」『中小小売業の新業態に関する調査研究』(財)中小企業総合研究機構 p.47 参照。小売戦略ミックスは，Barry Berman = Joel R. Evans によって命名されたものである。その内容は，品揃え，価格，サービス，販売促進，立地，の 5 つの戦略要因から成る（*Retail Management − A Strategic Approach*, 3rd. Edition, Macmillan Publishing Company, 1986, p.86）。また小売営業形態を，ストア・コンセプトの確立，オペレーション技術の適用・組み合わせを消費者欲求の創造と適応および競争構造の差別的有利性の観点から評価して，開発するという捉え方もある（徳永 豊『アメリカ流通業の歴史に学ぶ』中央経済社, 1990 年, pp.231-234）。
(9) 石川和男「小売マーケティングと小売業態」尾碕 眞・野本 操・石川和男編著『流通業のマーケティング』五絃舎，2011 年，p.32。
(10) 石川和男「価格政策」奥本・林田『マーケティング概論』中央大学出版部，2004 年，pp.115-116。
(11) 石川和男，前掲書（「小売マーケティングと小売業態」），p.33。
(12) 石川，同上書，p.33。
(13) 石川，同上書，p.35。
(14) 購買計画がなく消費者が店内を回遊し，購買をすることを計画外の購買，または衝動買いという。
(15) 石川，前掲書，pp.38-41。
(16) 石川，同上書，pp.115-116.
(17) 石川，同上書，pp.120-122.
(18) 小売業態に関する生起と発展に関する研究は青木均『小売業態の国際移転の研究』成文堂，2008 年に詳しく展開されている。
(19) M. P. McNair, "Significant Trends and Developments in the Postwar Period." in Alberl B. Smith(ed), *Competitive Distribution in a Free, High-Level Economy and its Implications for the University,* University of Pittsburgh, 1958, pp.1-18.

(20) *ibid.*,pp.1-18.
(21) *ibid.*,pp.1-18.
(22) *ibid.*,pp.1-18.
(23) Orla Nielsen, "Developments in Retailing," in M. Kjaer-Hansen (ed.), *Readings in Danish Theory in Marketing*, North-Holland, 1966, pp.101-115.
(24) *ibid.*,pp.101-115.
(25) Edward A. Brand,"The Retailing Cycle," in Ronald R. Gist(ed.), *Management Perspectives in Retailing*, John Wmey & Sons, Inc.1967, pp.19-21.
 10) Stanley C. Hollander, "Notes on the Retail Accordion,"*Journal of Retailing* Vol. 42, Summer, 1966, pp.29-40.
(26) *ibid.*,pp.29-40.
(27) *ibid.*,pp.29-40.
(28) 中心市街地の活性化に関する法律（平成十年六月三日法律第九十二号）
 第一条　この法律は，中心市街地が地域の経済及び社会の発展に果たす役割の重要性にかんがみ，近年における急速な少子高齢化の進展，消費生活の変化等の社会経済情勢の変化に対応して，中心市街地における都市機能の増進及び経済活力の向上を総合的かつ一体的に推進するため，中心市街地の活性化に関し，基本理念，政府による基本方針の策定，市町村による基本計画の作成及びその内閣総理大臣による認定，当該認定を受けた基本計画に基づく事業に対する特別の措置，中心市街地活性化本部の設置等について定め，もって地域の振興及び秩序ある整備を図り，国民生活の向上及び国民経済の健全な発展に寄与することを目的とする。
(29) 大規模小売店舗立地法（平成10年6月3日法律第91号）改正平成11年4月23日法律第34号，平成11年12月22日法律第160号，平成12年5月31日法律第91号
 （目的）
 第一条　この法律は，大規模小売店舗の立地に関し，その周辺の地域の生活環境の保持のため，大規模小売店舗を設置する者によりその施設の配置及び運営方法について適正な配慮がなされることを確保することにより，小売業の健全な発達を図り，もって国民経済及び地域社会の健全な発展並びに国民生活の向上に寄与することを目的とする。
 第四条　経済産業大臣は，関係行政機関の長に協議して，大規模小売店舗の立地に関し，その周辺の地域の生活環境の保持を通じた小売業の健全な発達を図る観点から，大規模小売店舗を設置する者が配慮すべき事項に関する指針（以下「指針」という。）を定め，これを公表するものとする。
 2　指針においては，次に掲げる事項について定めるものとする。

一 大規模小売店舗を設置する者が配慮すべき基本的な事項
二 大規模小売店舗の施設（店舗及びこれに附属する施設で経済産業省令で定めるものをいう。次条第一項において同じ。）の配置及び運営方法に関する事項であって，次に掲げるもの　イ駐車需要の充足その他による大規模小売店舗の周辺の地域の住民の利便及び商業その他の業務の利便の確保のために配慮すべき事項　ロ騒音の発生その他による大規模小売店舗の周辺の地域の生活環境の悪化の防止のために配慮すべき事項
(30) 都市計画法（昭和四十三年六月十五日法律第百号）
最終改正：平成二三年六月二四日法律第七四号
（目的）

大店法と大店立地法の違い

	大店法	大店立地法
届出者	建物設置者（所有者）3条届出 小売業者5条届出	建物設置者（所有者）
対象店舗	小売業を営む店舗	小売業を行う店舗（注1）
基準面積	500m² 超（注2）	1,000m² 超
届出事項	○建物設置者（3条届出） 　開店日 　店舗面積（注3） ○小売業者（5条届出） 　店舗面積（注3） 　開店日 　閉店時刻 　休業日数	1　店舗の名称及び所在地 2　店舗設置者及び小売業者の名称（氏名）及び住所 3　開店日 4　店舗面積（注3） 5　駐車場の位置及び収容台数 6　駐輪場の位置及び収容台数 7　荷さばき施設の位置及び面積 8　廃棄物等の保管施設の位置及び容量 9　開店時刻及び閉店時刻 10　来客の駐車場の利用時間 11　駐車場の出入口の数及び位置 12　荷さばきの時間帯
審査内容 開店等の期間制限	店舗周辺の中小小売業者の事業活動の機会の適正な確保 ○建物設置者　3条届出から7月 ○小売業者　5条届出から5月 　開店日・店舗面積届出から5月 　閉店時刻・休業日数なし（注4）	店舗周辺の生活環境の保持 8月（届出に対し県から意見を述べられた場合，その意見を踏まえた変更届等をした日から2月）

(注1) 大店法では営利を目的とする店舗を対象としてきましたが，大店立地法はそれを問わないことから生協や農協も対象となります。
(注2) 大店法では，届出は500m²超の基準を定めていましたが，実際の調整は小売業者の店舗面積が1000m²以上からを対象としていました。
(注3) 大店法の3条届出と5条届出とで店舗面積の範囲は同じですが，複数の小売業者がいる場合，通路など共用部分は各小売業者の店舗面積（5条面積）には含めません。なお，大店の基準面積は3条届出の面積，調整対象となる面積は5条届出の面積になります。大店立地法では，大店法の3条届出の面積とほぼ同じです。
(注4) 閉店時刻と休業日数については，法律では「あらかじめ」届け出ることとなっていましたが，審査は4月間に勧告などの手続きがあり実際の運用ではその期間を前提にして届出をしていた。

第一条　この法律は，都市計画の内容及びその決定手続，都市計画制限，都市計画事業その他都市計画に関し必要な事項を定めることにより，都市の健全な発展と秩序ある整備を図り，もつて国土の均衡ある発展と公共の福祉の増進に寄与することを目的とする。

改正都市計画法規制変更点

　今回の改正趣旨，大規模集客施設について「原則可能⇒原則禁止」へ発想を転換し，いったん立地を制限した上で，都市計画法の手続きを通じて地域が広域的な判断のもとに方針を決定するという流れを作り出したことにある。

今回の改正による商業施設立地に関する用途地域別の規制変更点

対象地域/（商業施設等の床面積）	現行 3,000m²超	改正案 3,000m²〜10,000m²以下	改正案 10,000m²超
商業地域・近隣商業地域	○	○	○
準工業地域	○	○	△
工業地域	○	○	×
第二種住居・準住居地域	○	○	×
第一種低層〜第一種住居地域	×	×	×
工業専用地域	×	×	×
市街化調整区域	△	×	×
非線引き白地地域	○	○	×

（▓：変更点）

(31) 糸園辰雄「流通費用」合力 栄，白石善章編著『現代商業論』新評論，1986 年，p.49。
(32) (財) 流通システム開発センター編『未来の小売業　未来の店舗』1986 年，pp.7-16。関川仁美「SA システムの現状と展望」『データ通信 9 月号』Vol.19, No.9, 1987 年，pp.30-34。
(33) 末松玄六「現代企業の経営行動総説」末松玄六編著『現代企業の経営行動』丸善，1977 年，pp.23-24。
(34) 尾碕 眞『経営の組織と情報管理』中部日本教育文化会，1994 年，p.158。

第2章　小売業の市場開発

　小売業の多くは，店舗を構え顧客が来るのを待つという点で受身である。したがって市場開発にあたっては，店舗に来てくれる顧客の範囲，人口の量・質，購買動向と消費特性，あるいは競争構造など市場の実態と今後の変化を把握することのできる資料を収集・分析し，検討を加え的確に判断することが最も重要である。

　本章のねらいは，市場を開発するにあたって必要な，立地選定，市場条件の捉え方，地域小売商業の階層別類型と特性および顧客の購買行動を知るための実態調査，商圏の測定手法などを明らかにすることである。

第1節　立地選定

1. 立地選定と市場条件

　立地産業あるいは環境適応業ともいわれている小売業の立地選定にあたっては，「顧客が集まりやすい場所」「将来発展が期待される場所」「業種・業態に適応した場所」が基準となる。特にその都市，地域（地区），商業集積（商店街）の分担すべき役割が取扱商品に大きな影響を与えることになり，立地場所によっては取り扱うことを計画していた商品であっても取り扱うことができない場合もある。このように立地場所と取扱商品は相互に影響し合うもので，立地場所と狙いとする取扱商品がかみ合った状態が最も望ましいといえる。したがって小売商業の立地選定にあたっては，立地場所の分担すべき役割を判断するために必要な市場条件に関する情報（既存資料および実態調査資料）の収集・分析は，避けてとおることのできないきわめて重要な課題である。

表2-1　市場条件・実態調査

市場条件に関する情報（既存資料）	都市基盤調査	自然的基盤（位置，地形，地質・気候など） 社会的基盤（都市の起源，都市の変遷など）
	都市機能調査	人口構造 産業構造 都市施設 所得と消費 交通条件 地価調査 観光の状況 その他
	変化要因調査	住宅開発　道路計画 工場の進出 都市施設の新設・移転 大規模小売店の進出 農業振興計画 その他
生活者に関する情報	実態調査	買物動向調査 通行量調査 来街者調査 客層調査 追尾調査 その他

2. 市場条件把握の仕方

　市場条件は，長い目でみると，絶えず変動しており固定的なものではない。しかし小売業が経営を展開するための立地を選定するにあたっては，市場条件を調査・分析し的確にとらえていくことが重要である。

　具体的調査・分析内容を述べれば次のとおりである。

(1) 都市基盤調査

　都市の現状を知るために調査すべき都市基盤の基本的なものは，自然的基盤としての地理的条件，社会的基盤としての歴史的条件を把握することである。収集・分析すべき既存資料および調査資料は次のとおりである。

① 地理的条件
　・位置と面積… 緯度・経度，面積，広がり（東西・南北）

第2章 小売業の市場開発

- 地形…平地，傾斜地，臨海，低地，高原，丘陵地など
- 気候…温度，湿度，降雨量，降雪量，風向きなど
- 土地利用…市街化区域，市街化調整区域，自然的土地利用，都市的土地利用，地目別面積，その他
- 隣接都市との距離…物理的・時間的距離

② 歴史的条件
- 都市の起源…いつごろから，いかなる町（宿場町・城下町・門前町など）となったか
- 都市の沿革…いつごろ，どのような変遷があったか

(2) 都市の機能調査

都市は，人々が住み，憩い，働く場所があり，これらの機能をつなぐ交通や通信が存在する。その機能の質や量を明確にとらえるため次のような調査を行うことが必要である。

① 人口構造

国勢調査，住民基本台帳人口を利用し，過去5年間のデータを収集し，当該市町村および隣接市町村の人口・世帯数の推移，規模ならびに集中と分散の状況と質的変化について明らかにする。

- 量的変化…一人口，世帯数，地区別人口，人口動態（社会増減・自然増減）
- 質的変化…1世帯当たり人口，世帯人員構成，年齢別人口構成，昼間人口比率，共働き世帯数など

② 産業構造

事業所統計，工業統計，農業センサス，商業統計，国勢調査（産業別就業人口）市町村所得統計（産業別純生産額）など過去3回の調査データを収集，分析し当該市町村の産業別特性および産業的位置づけを明らかにする。

- 産業構造の実態…産業別就業人口，産業別純生産額，産業別特化係数　産業の特性，その他　※産業別特化係数 $= \dfrac{\text{市町村別純生産額構成比}}{\text{圏域内産業別純生産額構成比}}$

- 農業の概況…農家数と農家人口，経営耕地面積，経営規模別農家数，品目

別粗生産額, 1農家当たり平均耕作面積, 品目別特化係数
その他

$$※品目別特化係数 = \frac{市町村別品目別生産額構成比}{圏域内品目別生産額構成比}$$

・工業の概況…事業所数, 従業者数, 製造品出荷額, 産業別製造品出荷額, 産業別製造品出荷額特化係数, その他

$$※産業別製造品出荷額特化係数 = \frac{市町村製造品出荷額構成比}{圏域内製造品出荷額構成比}$$

・商業の概況【卸売業】… 商店数, 従業者数, 年間販売額（集積力, 経営力, 成長力）卸売係数

　　　　　　　【小売業】… 商店数, 従業者数, 年間販売額, 売場面積（集積力, 経営力, 成長力, 吸引力, 充足力）地区別分布状況, 大規模小売店数, 大規模小売店売場面積, 業種・業態, 分布状況（1m²当たり支持人口, 売場面積占有率）その他

　　　　　　　【飲食店】… 商店数, 従業者数, 年間販売額（集積力, 経営力, 成長力, 吸引力, 充足力）地区別分布状況

③ 交通条件

　当該市町村に来られる人々が利用すると思われる交通機関の運行状況を鉄道（JR, 私鉄）の運転本数と利用状況, バス路線数と運行本数および自家用乗用車の保有台数, 道路の整備状況など交通に関するデータを収集・分析し, 交通機関の現状をとらえ商業や生活との関連を明らかにする。

　・鉄道…運行本数, 乗降客数（定期・カード・その他, 1日平均乗降客数）
　・バス…バス路線数, 路線別運行本数, 路線別利用者数
　・自動車…乗用車保有台数, 軽乗用車保有台数, 1世帯当たり普及率
　・道路…国道, 県道, 市町村道の整備状況

④ 都市施設

　来外促進施設ともいわれる都市施設（保健・衛生施設, 教育施設, 文化施設, 余暇・娯楽施設, 金融施設, 宿泊施設, 交通施設, 行政施設, 情報通信施設など）のデータを収集・分析し充足度を把握するとともに, 広域的施設, 地域的施設, 近隣

的施設に分類し機能の実態を明らかにする。
- 保健・衛生施設…病院，医院，診療所，歯科，その他
- 教育施設…幼稚園，保育所，小学校，中学校，高等学校，高専，専修，短大，大学，各種学校，その他
- 文化施設…図書館，各種会館（集会・講演・音楽など）美術館，博物館，神社，寺院，その他
- 余暇・娯楽施設…公園，スポーツ施設，映画館，劇場，その他
- 金融施設…銀行，信用金庫，信用組合，その他民間金融機関，郵便局，証券，生保，損保，その他
- 宿泊施設…ホテル，旅館，民宿，その他
- 交通施設…駅，バスターミナル，その他
- 行政施設…国の機関，県の機関，市町村の機関，その他
- 情報通信施設…放送局（ラジオ・テレビ），新聞社，電話局，その他
  - ※広域的施設…行政区域外居住民の利用することの多い施設
  - 地域的施設…行政区域内居住民の利用することの多い施設
  - 近隣的施設…地区内居住民のみが利用することの多い施設

⑤ 所得と消費

市町村民所得統計，家計調査，農家経済調査などのデータを利用し当該市町村の所得レベルおよび消費性向について明らかにする。
- 所得…分配所得，個人所得，所得水準（都道府県水準，圏域水準，隣接都市との比較）
- 家計調査…都市階級・地方別・都市別1世帯当たり年間の品目別支出額（全世帯）10大費目の支出額，その他

⑥ 地価調査

土地公示価格，都道府県地価調査を使用して都市別最高地価を調査比較し，都市の魅力度，拠点性などを明らかにする資料として活用する。

⑦ 観光の状況

市町村要覧その他資料からデータを収集し，当該市町村の観光資源とレクリ

ェーション施設の分布状況，観光入込客数の状況，観光消費額の状況などを明らかにする。

- 観光入込客数…年別，月別，出発地別，日帰り・宿泊別，その他
- 観光資源…観光資源の分布状況，観光産業の実態，施設利用状況，その他
- 観光消費額…宿泊代，お土産品代，施設利用料，その他

※観光資源の評価
- 特Aランク…日本を代表する資源である
- Aランク…全国的な誘致力をもっている
- Bランク…地方スケールの誘致力である
- Cランク…県民・周辺地域住民の観光利用に供する

(3) 変化要因調査

当該市町村の総合振興計画または開発計画などから「人口・世帯数の将来予測」「交通条件」「住宅開発」「工場の進出計画」「道路計画」「都市施設の設置・移転」「大型店の進出」「その他」の変化要因を把握し，現状の分析結果に加え総合的に検討し地域の方向性を明らかにする。

(4) 実態調査

① 買物動向調査

買物動向調査は，日頃消費者が，どの都市，どの地域の，どんな商業集積でどのような買物をしているかを調査し「消費者の特性」「買物行動の実態」「地域商業に対する評価と要望」などを知り，消費者ニーズに即応した「店づくり」「商業集積づくり」「地域商業の振興」に役立てることを目的に実施する。

② 通行量調査

小売業の立地条件として大切な「人の流れと溜りは」は，その商業集積地（商店街）の商業的利用価値あるいは商業力を示すバロメータといわれている。この調査は商業集積（商店街）における「歩行者」「自転車」「バイク」「自動車」の流れの実態を把握することによって，商業集積（商店街）の立地特性を明らかにするとともに，商業集積（商店街）振興の資料として活用することを目的に実施する。

③ 来街者調査

　来街者調査は，商業集積（商店街）に来る消費者の「来街範囲」「来街手段」「所要時間」「来街頻度」「来街理由」などから「来街者の特性」「買物行動の実態」を知り，消費者サイドから見た商業集積（商店街）の特性を確認するとともに，商業集積（商店街）振興の資料として活用することを目的に実施する。

④ 客層調査

　客層調査は，商業集積（商店街）を通る歩行者の実態を調査し，商業集積（商店街）のイメージの設定やマーチャンダイジング資料として活用することを目的に実施する。

⑤ 追尾調査

　商業地あるいは商業集積（商店街）に来る消費者の歩行経路を調査し，商業地内の消費者の回遊性を知ることによって，商業集積（商店街）の立地特性を明らかにするとともに，商業集積（商店街）間の関連性を知るための資料として活用することを目的に実施する。

(5) 資料の所在と集め方

　前項に述べた各種の資料をどのように入手すべきか，また実際に入手することができなければ，必要性は理解していても収集・分析し活用することはできない。しかし近年は政府の指定統計その他官公庁の諸統計をはじめ実態調査資料など多くの情報を各指導機関が中小企業の支援や指導を行うために整備している。これらを活用すれば小売店の立地選定のために必要な資料は概ね収集することは可能であると判断される。なお資料を収集するにあたっては次の点に留意されたい。

　① 信頼性の高い情報であること…意思決定をするための情報である，したがってそれは当然のことではあるが正確でなければならない。

　② 客観的情報であること…意思決定を行う者にとって不利な情報であっても，客観的な情報として受け入れることが必要である。

　③ 継続性のある情報であること…一時点だけの情報は，意思決定の情報としては不十分であり，誤った結果をもたらす可能性もあるので，継続性の

ある情報であることが望まれる。
④ 相互補完性をもった情報であること…収集すべき情報は，バラバラに活用するのではなく相互の補完性を考えて活用すること。
⑤ 活用するための情報であること… 単なる資料としての収集ではなく，意思決定に活用できる情報であること。
⑥ 目的に適合した情報であること…情報が多すぎると混乱をまねくおそれがあるので，目的に適合した情報に限定して収集すること。
⑦ 地域に関係する情報であること…小売業の場合，全国情報というよりは地域の情報を重点に活用することが大切である。
⑧ 経済性を考えた情報であること…必要な情報であっても経済性に配慮して収集すること。

第2節　地域小売業の機能分担と階層別類型

1. 地域小売業の機能分担

(1) 機能分担の必要性

小売業の分担すべき役割は，都市，地域（地区），商業集積（商店街）の存立する市場条件（位置，気候，地形，都市間の距離などの地理的条件・人口，世帯数，産業構造，交通，競争構造などの社会的条件）が異なっているのと同じく性格・機能も異なっている。したがって，これから地域商業の開発・振興を図っていくためには，まず地域の実態を市場条件および実態調査を通して的確に把握し，都市・地域（地区）・商業集積（商店街）の分担すべき役割を明らかにすることが必須条件となる。

(2) 機能分担に必要な地域情報

地域商業の機能分担を検討するにあたって必要な情報は，前項で述べたとおり国をはじめ多くの公共機関や団体が，中小企業の指導・支援を行うために各種実態調査や既存資料の収集を行っているし，これら資料の大部分は公開されている。また，公共機関や各種団体以外にも多くの資料が出版されている。し

たがって，地域商業の方向性や機能分担を検討するにあたっては，それらの多くの資料の中から「目的に適合した資料」「信用の高い資料」「地域に関する資料」を選択し利用していくことが必要である。

(3) 機能分担策定手順と分析内容

① 機能分担策定手順

　小売業の立地選定は，マーチャンダイジングに適応した場所を選択することにあり，その場所の位置づけ分担すべき役割を明確にし把握することが，立地選定は勿論のこと地域商業，商業集積，個店商業の活性化を考える場合にさけてとおることのできない重要な課題である。

　具体的手順としては「都市間」→「地域間（地区）」→「商業集積間（商店街）」→「個店の位置づけ」というようにマクロ的視点からミクロ的視点へと検討を展開し，それぞれの段階で小売業の位置づけ，性格，分担すべき役割を明確にすることである。

手順1：都市商業の位置づけ性格の把握

> 都市間レベルにおける役割分担を明確にする

手順2：地域（地区）商業の位置づけ性格の把握

> 都市内における地域間（地区）レベルの役割分担を明確にする

手順3：商業集積（商店街）の位置づけ性格の把握

> 同一地域内における商業集積間（商店街）の相互関連を調査・分析し役割分担を明確にする

手順4：個店の位置と業種・業態（取扱商品）の適合性の把握

> 個店の位置，背後地などの条件から業種・業態の適合性を判断する

② 分析内容

手順1：都市商業の位置づけ性格の把握

　当該市町村を中心とした隣接市町村および競合都市との相互関連を調査し，

当該市町村の商業的位置づけ，性格，将来の方向性を明らかにすることを目的に，次の調査を実施する。

調査項目

① 商圏範囲と商圏内人口の把握
　※商圏の測定方法については，次章で詳細に述べているので参照されたい。
② 地勢条件と都市間の距離の把握
③ 市町村別人口・世帯数の推移
④ 昼間人口比率
⑤ 市町村別最高地価比較
⑥ 市町村別都市施設（来街促進施設）の分布状況
⑦ 市町村別商業活動の状況
⑧ 都市別大型店の状況
⑨ 各種実態調査結果より当該市町村の特性把握
⑩ 環境変化要因の把握
⑪ その他

手順２：地域（地区）商業の位置づけ性格の把握

当該市町村内における地域（地区）間の相互関連を調査し，各地域（地区）の商業の位置づけ，性格，将来の方向性を明らかにすることを目的に，次の調査を実施する。

調査項目

① 地区区分設定
② 地区別人口・世帯数の推移
③ 地区別最高地価比較
④ 地区別都市施設（来街促進施設）の分布状況
⑤ 地区別商業活動の状況
⑥ 大型店地区別状況
⑦ 各種実態調査結果より地区別特性の把握
⑧ 環境変化要因の把握
⑨ その他

手順３：商業集積（商店街）の位置づけ性格の把握

地域（地区）の中で，中心商業地と目される範囲を地勢条件や商店街の分布状況などから設定し，中心商業地を構成する商業集積（商店街）の実態に環境変化要因を加え総合的に判断し，各商業集積（商店街）の特性とその果たすべき役割を明らかにすることを目的に次の調査を実施する。

調査項目

① 中心商業地の設定
② 中心商業地内の業種構成と配置図の作成
③ 中心商業地内の街区別路線価比較
④ 中心商業地内の都市施設（来街促進施設）の分布状況
⑤ 各種実態調査結果より街区別特性の把握
⑥ 環境変化要因の把握
⑦ その他

手順4：個店の位置と取扱商品適合性の把握

　商業集積（商店街）の位置づけ性格と個店の取扱商品の適合性をチェックし経営方針の妥当性を明らかにすることを目的に次の事項を検討する。

調査項目

① 商業集積（商店街）の分担すべき役割
② 商業集積（商店街）の基本コンセプト
③ 商業集積（商店街）内における個店の位置
④ その他

2. 地域小売業の階層別類型と特性

（1）地域小売業の階層別類型

　地域小売業は商店の集積規模，企業規模，業種・業態構成，街区構成などと市場条件の係わりから次項で述べる商圏規模の大小は決まるといわれている。この地域小売業の商圏規模や機能を基準に3段階，5段階，8段階に類型化すると下表のとおりである。

階層別類型

3　段　階	5　段　階	8　段　階
近隣型商業地	生活型商業地 近隣型商業地 地区型商業地	近隣型最寄商業地 近隣区分型商業地 近隣型商業地 地区型商業地
地域型商業地	地域型商業地	地域型商業地 中域型商業地
広域型商業地	広域型商業地	広域型商業地 超広域型商業地

(2) 地域小売業の階層別特性

地域小売業の中でそれぞれの商業集積がもつ役割，特色は同一ではなく，広域生活圏を支配する「広域型」，地域生活圏を支配する「地域型」さらに小さな生活圏での「地区型」「近隣型」「生活型」などに区分することができる。

以下5段階で区分した場合のタイプ別特性をみると次のとおりである。

【生活型】… 食料品，日用品など日常生活に密着した最寄品を取り扱うよろず屋，なんでも屋の点在で，商店会，商店街の姿はなく，地元の小規模のスーパーが核となり，徒歩あるいは自転車を利用して来店する毎日性の買物をする商圏内人口3千人未満の商業地である。

【近隣型】… 最寄品中心で，地元の主婦が食料品や日用品など日々性の商品を徒歩または自転車等で買物をする商圏内人口3千人から2万人程度までの商業地で，核となる店舗はローカルのスーパーマーケットあるいは市場などである。

【地区型】… 食料品店，日用品店等の日常生活に密着した最寄品業種に実用買回品店と専門店の一部が交錯し，ローカルのスーパーあるいは市場等が核となり，自転車または徒歩などにより，週間性，日々性の買物をする商圏内人口2～4万人程度までの商業地である。

【地域型】… 最寄品店，買回品店，専門店，飲食店が交錯し，ローカル百貨店，ナショナルチェーンの量販店などが核となり，自家用車，バス，鉄道などにより週間性，月間性の買物をする商圏内人口5～6万人から10数万人程度までの商業地である。

【広域型】… 買回品店，専門店が中心で，百貨店，量販店などが核となり，鉄道，地下鉄，自家用車などにより月間性，季間性，年間性の買物をする商圏内人口2～30万人以上の商業地である。

> 最寄品…消費者の買物頻度が高く，近くの商店で購入することの多い商品をいい，食料品を中心にした商品と日用雑貨品などがこれに該当する。
> 買回品…消費者の購買頻度が比較的に低く，品質，デザイン，ブランド，価格などを検討した上で購入するような商品をいい，洋服，洋品，ハンドバック，靴，家具インテリアなどがこれに該当する。
> 専門品…消費者の購買頻度が低く，購買決定するにあたって専門的な知識や技術・設備のある商店で，納得のいく説明を必要とする商品をいい，時計，メガネ，貴金属，化粧品，スポーツ用品などがこれに該当する。

第3節　商圏構造と消費特性

1. 商圏構造

(1) 商圏とは

　商圏とは，「商店またはその商業集積にとっての顧客が分布する地理的範囲」といえる。なお，商店街診断要領では次のように定義している。
　「当該商店街の顧客吸引力がおよぶ範囲であって，その需要の一定割合が常時当該商店街における買物として実現している地域であり，売上高として寄与している顧客の分布している地域」としている。
　また，小売業の商圏は業種・業態によって異なり，最寄品は狭く，買回品，専門品の順に広がりが大きくなるのが普通である。また，商圏は個々の店単位で設定されるだけでなく，立地する都市，地域（地区）商業集積（商店街）のもつ商圏と相互に密接な関係がある。

(2) 商圏設定の必要性

　商圏は，前項で述べた当該市町村における小売商業の役割を明確化するためにも把握しなければならない重要項目の一つである。また，個店の経営方針，商品政策，販売政策，販売促進など立地に適合した戦略的マーケティング活動を展開していくためにも商圏の測定と把握は不可欠のものである。

(3) 商圏を規定する要因

　小売業の商圏を規定する要因はきわめて多岐にわたるが，主たる要因を当該

市町村，地域（地区），商業集積（商店街）と個店に区分しながめてみると，地域（地区）商業集積（商店街）の場合，商業集積の規模，交通条件，大型店および都市施設の有無，隣接都市との競合度合いなど地理的・社会的条件によって規定される。また個店の商圏は，業種・業態，商品の価格，店の評判，交通の便，立地場所，競合関係などの地理的・社会的条件によって規定される。このように都市，地域（地区）商業集積（商店街）および個店のそれぞれ商圏を規定する要因は地理的，社会的条件によって異なっている。ここに具体的商圏を決めることの難しさがあるといわざるをえない。

(4) 商圏の測定方法

商圏を測定する方法にはいくつかの種類がある。一般的な都市，地域（地区）商業集積（商店街）の測定方法としては以下の三つの方法がある。

① **既存資料による測定方法**…通勤・通学者の流出入，都市間の距離（地理的・時間的距離），駅利用客，チラシの配布地区，および地理的条件（河川，山，峠，坂，道路の整備状況など）から読取るなどそれぞれで測定する。

② **実態調査による測定方法**…家庭買物動向調査，来街（店）者調査，顧客名簿（ポイントカード，クレジットカードなど），大型店ヒアリングなどによりそれぞれ測定する。

③ **理論モデルによる測定方法**…ライリーの法則，コンパースの法則，ハフ確率モデルなどがある。

① **既存資料による測定方法**

【通勤・通学者からの商圏】…当該市町村へ他市町村から流入している通勤通学者数を国勢調査結果から調べ，流入率により商圏を測定する。

・通勤通学者の流入率 $= \dfrac{\text{当該市町村への通勤・通学者数}}{\text{市町村別通勤・通学者総数}}$

・評価：流入比率 $= \begin{cases} 20\%\text{以上} & 1\text{次商圏} \\ 10\sim19\% & 2\text{次商圏} \\ 5\sim\ 9\% & 3\text{次商圏} \end{cases}$

第2章　小売業の市場開発　59

都市名	通勤・通学者総数 A	当該市町村へ通勤・通学者数 B	流入率 B/A	評　価
M町	15,277	12,697	83.1	1次圏
K町	5,359	293	5.5	3次圏
W町	4,457	829	18.6	2次圏
O町	3,639	24	0.7	圏外

※M町の12,697人は自町通勤・通学者数を示す。

【地理的条件・時間的距離からの商圏】… 当該市町村に来る場合の障害となる河川，山，峠，坂，道路の整備状況などを地図上から読取り設定する商圏と自家用車を利用して来る場合の所要時間（ドライブテスト）を地図上にプロットし商圏を設定する。

・評価：所要時間＝ ┌ 10分 以内　　1次商圏
　　　　　　　　├ 11～30分　　 2次商圏
　　　　　　　　└ 31～60分　　 3次商圏

都市名	10分以内	11～30分	31～60分	60分以上	評　価
M町	○				1次圏
K町		○			2次圏
W町		○			2次圏
O町			○		3次圏

② 実態調査による測定方法

【家庭買物動向調査（訪問調査）からの商圏】… 家庭買物動向調査は，日頃消費者がどのような買物を何処でしているか，また地域商業に対してどのような意見をもっているかなどを調査したものである。これを利用し当該市町村商業地への商品別買物支持率（流入比率）を基に商圏を測定する方法である。

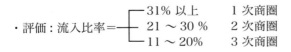

・評価：流入比率＝ ┌ 31％以上　　1次商圏
　　　　　　　　├ 21～30％　　2次商圏
　　　　　　　　└ 11～20％　　3次商圏

都市名	10%以下	11～20%	21～30%	30%以上	評　価
M町				○	1次圏
K町			○		2次圏
W町			○		2次圏
O町	○				圏外

【来街（店）調査からの商圏】… 当該市町村の商店街や大型店など商業集積に来る顧客に対し，アンケート調査を実施し，その結果を基に商圏強度を算出・評価し測定する方法である。したがって理論的には，前記家庭買物調査と同じ結果となるべきものであるが，アンケートの取り方や対象商業集積を利用しない顧客からのアンケートは取れないので家庭買物調査とは異なる結果となることが多い。

・評価：商圏強度＝
　　　　2.0　　　　1次商圏
　　　　1.0～1.9　 2次商圏
　　　　0.5～0.9　 3次商圏

	人口		来街（店）者数		商圏強度 B/A	評価
	実数	構成比A	実数	構成比B		
M町	24,520	20.3	51	48.6	2.4	1次圏
K町	8,211	6.8	13	12.4	1.8	2次圏
W町	6,836	5.6	10	9.5	1.7	2次圏
O町	5,598	4.6	3	2.9	0.6	3次圏
その他	75,779	60.7	28	26.6	0.4	圏外
合計	120,944	100.0	105	100.0	－	－

③ 理論モデルによる測定方法

【ライリーの法則】…「ある都市の小売業が，その周辺都市から吸引する購買力は，その都市の人口に比例し，周辺都市との距離の2乗に反比例する」というもので購買出向比率という理論で説明している。この考えがニュートンの万有引力の法則に類似していることから，小売吸引力の法則あるいは引力モデルといわれている。その公式は次のとおりである。

公式

$$\frac{Ba}{Bb} = \left(\frac{Pa}{Pb}\right) \times \left(\frac{Db}{Da}\right)^2$$

Ba ＝ 都市 A によって吸引される中間都市 C からの割合
Bb ＝ 都市 B によって吸引される中間都市 C からの割合
Pa ＝ 都市 A の人口
Pb ＝ 都市 B の人口
Da ＝ 中間都市 C から都市 A までの距離
Db ＝ 中間都市 C から都市 B までの距離

図

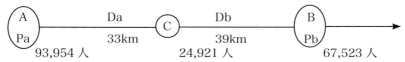

計算式

$$\frac{Ba}{Bb} = \left(\frac{94.0}{67.5}\right) \times \left(\frac{39}{33}\right)^2 = \left(\frac{94.0}{67.5}\right) \times \frac{1,521}{1,089}$$

$$= \left(\frac{94.0}{67.5}\right) \times 1.396$$

$$= \frac{131.2}{67.5} = 1.943$$

となり，A 都市と B 都市の中間に位置する C 都市から A 都市への買物出向割合は，B 都市への買物出向割合の 2 倍弱となる。

【コンバースの法則】… コンバースは，ライリーの法則を修正した形で「コンバースの商圏分岐点の法則」を発表している。この分岐点の公式は，都市 A，B それぞれの都市の勢力圏すなわち商圏の区切りとなる分岐点がどの辺になるかを公式にあてはめて計算する方式を考案したものである。

公式

$$Da = \frac{Dab}{1+\sqrt{\frac{Pb}{Pa}}}$$

Da ＝都市Aから分岐点までの距離

Dab ＝ 都市Aと都市B間の距離

Pa ＝ 都市Aの人口

Pb ＝ 都市Bの人口

例図　　　　　　　　38.9km（分岐点）

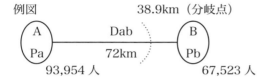

　　　93,954人　　　　　　　　67,523人

計算例

$$Da = \frac{72}{1+0.84775} = \frac{72}{1.85} = 38.9km$$

　このように周辺都市との商圏の分岐点を求め商圏範囲を決めようとするこの法則は，日本においても商圏設定の一つの手法として多く利用されている。しかし，日本においては，地理的条件，交通条件，距離の測定の仕方，人口の分布状況，商業集積の状況など諸々の条件から，現実と法則によって算出された結果とは食い違いが生じることが多い。特に近年は，自家用乗用車の保有率が高まり物理的な距離というものが強い支配力をもたなくなり時間的距離が問題となっている。これらの事情から，ライリー，コンパースの法則は，実情に合わないところが多く利用しにくいものとなっている。

【ハフ確率モデル】…　商圏範囲を決める引力モデルの法則は，一般的にはライリーに始まり，コンパースの小売引力の法則を経て，ハフの法則へと連携してきているといえる。ハフ確率モデルは，ライリー，コンパースが商圏の設定を「人口」と「距離」で算出しているのに加えて，商業集積の「小売売場面積規模」を組み入れ，これら3つの要素を使用し計算することで，各商業地間の顧客吸引力の強弱，あるいは買物出向比率を確立モデル理論として展開させたものである。すなわち消費者がある商業集積で買物をする確立は，商業集積の小売売場面積の規模に比例し，居住地点から商業集積までの距離（時間的距離）のλ乗に反比例するという公式である。

公式

$$P_{ij} = \frac{\dfrac{S_j}{T_{ij}^{\lambda}}}{\displaystyle\sum_{j=1}^{n} \dfrac{S_j}{T_{ij}^{\lambda}}}$$

P_{ij} ＝ 消費者の買物出向比率（ｉ地点の消費者がｊ商業地に買物に行く確率）

Σ ＝ 小売商業集団の全部を加える

T_{ij} ＝ 消費者が商業集積に買物に行く所要時間

λ ＝ 消費者の居住地点ｉから商業集積ｊまでの間で障害となる（河川，峠，坂，踏切，横断道路，危険地帯など）抵抗要因のパラメータを意味する

S_j ＝ 商業集積の売場面積

ｉ ＝ 居住地区（i ＝ 1, 2, 3,・・・）

ｊ ＝ 商業集積（j ＝ 1, 2, 3,・・・）

ｎ ＝ ｉ居住地区の消費者が利用できる商業集積の数

【修正ハフモデル】… 修正ハフモデルは，ハフ確率モデルに多くの学者の知恵を絞って修正を加え完成させたものである。この公式は，λ を「2」に固定し消費者が商業集積に買物に行く所要時間を「距離」に置き換えたものである。

公式

$$P_{ij} = \frac{\dfrac{S_j}{D_{ij}^2}}{\displaystyle\sum_{j=1}^{n} \dfrac{S_j}{D_{ij}^2}}$$

P_{ij} ＝ 消費者の買物出向比率（ｉ地点の消費者がｊ商業地に買物に行く確率）

Σ ＝ 小売商業集団の全部を加える

D_{ij} ＝ 消費者が商業集積に買物に行く距離

S_j ＝ 商業集積の売場面積

修正ハフモデルの公式に基づく計算例

（条件）

　人口　東町　　16,500 人

　　　　西町　　15,000 人

		A 商業集積	B 商業集積	C 商業集積
売場面積	最寄品	4,000m²	12,000m²	7,500m²
	買回品	1,500m²	8,000m²	3,000m²
距離	東町	2.9km	1.2km	0.4km
	西町	0.5km	2.0km	2.8km

・東町から A, B, C 商業集積への買物出向比率

$$\text{A 商業集積 Pij} = \frac{\dfrac{4,000}{2.9^2}}{\dfrac{4,000}{2.9^2} + \dfrac{12,000}{1.2^2} + \dfrac{7,500}{0.4^2}} = \frac{476}{55,684} = 0.9\%$$

$$\text{B 商業集積 Pij} = \frac{\dfrac{12,000}{1.2^2}}{\dfrac{4,000}{2.9^2} + \dfrac{12,000}{1.2^2} + \dfrac{7,500}{0.4^2}} = \frac{833}{55,684} = 15.0\%$$

$$\text{C 商業集積 Pij} = \frac{\dfrac{7,500}{0.4^2}}{\dfrac{4,000}{2.9^2} + \dfrac{12,000}{1.2^2} + \dfrac{7,500}{0.4^2}} = \frac{46,875}{55,684} = 84.2\%$$

・西町から A, B, C 商業集積への買物出向比率

$$\text{A 商業集積 Pij} = \frac{\dfrac{4,000}{0.5^2}}{\dfrac{4,000}{0.5^2} + \dfrac{12,000}{2.0^2} + \dfrac{7,500}{2.8^2}} = \frac{16,000}{19,957} = 80.2\%$$

$$\text{B 商業集積 Pij} = \frac{\dfrac{12,000}{2.0^2}}{\dfrac{4,000}{0.5^2} + \dfrac{12,000}{2.0^2} + \dfrac{7,500}{2.8^2}} = \frac{3,000}{19,957} = 15.0\%$$

$$\text{C 商業集積 Pij} = \frac{\dfrac{7,500}{2.8^2}}{\dfrac{4,000}{0.5^2} + \dfrac{12,000}{2.0^2} + \dfrac{7,500}{2.8^2}} = \frac{957}{19,957} = 4.8\%$$

2. 商圏の設定と階層区分
(1) 商圏の設定
　商圏の測定方法は，前記したごとく①既存資料による方法，②実態調査による方法，③理論モデルによる方法の3つについて具体的に述べてきた。①では信頼性の高い国勢調査の流出入データを利用しての測定と，居住地から商業集積までの時間距離によって測定する方法，および河川，山，峠，坂など消費者が当該市町村の商業集積を利用する場合に障害となる要因を地図上で読みとり測定する方法について述べ，②では，居住民の購買行動をアンケートによって直接調査し測定する方法について述べた。これらは実態を直接把握することができる点できわめて有効な手段といえるが，調査のやり方を間違えると偏った結果になることもあるので，調査を実施するにあたっては，調査地点，調査対象者の選択と数，調査時間などに注意して実施することが必要である。また③の理論モデルの方法については，種々と実証的研究が進められているが，現在のところどのモデルも全面的に利用できるまでには至っていない。このように①から③の測定方法を考えると，どの方法をとっても一長一短あり，商圏は1つの方法で確定できるものではなく，種々なる測定方法を併用して商圏を設定することが最も望ましいと考えられる。

(2) 商圏の階層区分
　商圏特性を把握し戦略的マーケティング活動を容易に展開するために必要な商圏の階層区分には絶対的なものはないが，一般的に市場シェアの強弱を経験則によって以下のように区分し使用するのが普通である。

　1次商圏… 当店（都市・集積）が優位である商圏
　2次商圏… いずれが優位か不明で競合状態の商圏
　3次商圏… 当店（都市・集積）が劣勢である商圏

3. 消費購買力の算出と市場占拠率
　商圏分析の最終目標は，商圏内消費購買力（潜在需要額）を算出し，マーケット・サイズを金額的に把握するとともに，商圏内消費購買力に占めるマーケット・

シェアを計算し，今後のシェア・アップの可能性を検討することである。

(1) 商圏内消費購買力
- 1人当たり小売店向け家計消費支出額 × 商圏内人口（市町村全体）
- 1人当たり小売店向け取扱商品別家計消費支出額 × 商圏内人口（個店別）

(2) 商圏内市場占拠率
- 市町村別商圏内市場占拠率 $= \dfrac{市町村別小売販売額}{商圏内消費購買力}$

- 商店別商圏内市場占拠率 $= \dfrac{店別商品別小売販売額}{商品別商圏内消費購買力}$

(3) 使用データ
- 家計調査年報または月報（総理府）
- 商圏内人口
- 市町村の小売販売額・個別店舗の商品別売上高

第3章　店舗開発とその設計

第1節　店舗規模の設定

　市場開発がなされ，顧客が来店することになる。消費者の必要性・欲求を満足させる購買援助を促進するためにも，店舗開発は適切に展開されねばならない。
　小売業は店舗で顧客を待ち，販売することから，店舗開発は重要な意味を持つ。市場開発で検討した要因から，店舗規模を決め，商品の特性から顧客が買いやすい売場が配置されなければならない。顧客が買物行動する売場は買物がしやすく満足を高める店内の配置が重要である。店舗開発は市場選定と同様，一度決定されると変更することはかなり困難であり，慎重な検討が必要である。
　前章で述べたとおり当該市町村の「商圏と目される範囲と商圏内人口」および「商業集積の分担すべき役割」などによって規定される業種業態構成が決まれば，これをもとに店舗規模決定の中心となる売場面積の算出は容易に行うことができる。この売場面積の決定は「外部的条件からの規模の算出」と「内部的条件からの規模の算出」の2つの側面から総合的に判断し，店舗規模を決定すべきである。

1.　外部的条件からの規模の算出
　外部的条件からの売場面積の算出は，出店を予定する各業種・業態ごとにどの程度の売場面積が開発可能かを売上高予測から算出する方法である。
(1) 売場面積算出の条件
　①　商圏内人口の推計
前章商圏の項で述べた商圏測定方法によって検討した結果，商圏と目される

範囲と商圏内人口が推定される。この商圏内人口の将来推計は一般的にトレンド方式によって行われているが，地域によっては住宅団地が建設され1～2年の間に数万人の人口増がみられることもあるのでトレンド方式によって予測することの困難な場合もある。したがって商圏内人口の推計にあたっては，当該市町村から得た環境変化要因の情報を考慮し，商圏拡大の可能性および商圏内人口の将来については，慎重に取り扱っていくことが必要である。

② 業種・業態の検討

前章小売業の機能分担の階層別特性で述べたごとく，当該市町村の商圏と目される範囲と商圏内人口によって，都市，地域（地区）商業集積（商店街）の分

表 3-1 階層別成立業種

			生活型	近隣型	地区型	地域型	広域型
買回品	衣料品	呉服			△	○	○
		寝具			△	○	○
		紳士服			△	○	○
		婦人服			△	○	○
		子供服			△	○	○
		洋品		△	○	○	○
	身辺細貨	靴・履物		△	○	○	○
		カバン・袋物			△	○	○
		化粧品		△	○	○	○
		手芸材料		△	○	○	○
	文化品	愛がん用品			△	○	○
		貴金属				○	○
		生花			○	○	○
		メガネ			△	○	○
		時計			△	○	○
		自転車		△	○	○	○
		車関連商品			○	○	○
		家具インテリア			△		○
		医薬品		○	○	○	○
		園芸材料			○	○	○
		家電OA機器			○	○	○
		書籍			○	○	○
		文房具		△	○	○	○
		スポーツ用品			△	○	○
		玩具		△	○	○	○
		楽器				○	○

第3章 店舗開発とその設計

			生活型	近隣型	地区型	地域型	広域型
最寄品	飲食料品	一般食料品	○	○	○	△周辺	△周辺
		米穀	△	○	○	△周辺	△周辺
		鮮魚	△	○	○	△周辺	△周辺
		精肉	△	○	○	△周辺	△周辺
		野菜	△	○	○	△周辺	△周辺
		果物	△	○	○	△周辺	△周辺
		漬物	△	○	○	△周辺	△周辺
		酒類	△	○	○	△周辺	△周辺
		茶		△	○	○	○
	菓子	パン	△	○	○	○	△周辺
		和菓子		△	○	○	○
		洋菓子		△	○	○	○
		その他菓子	○	○	○	△周辺	△周辺
	日用品	金物		○	○	○	△周辺
		荒物・雑貨	○	○	○	△周辺	△周辺
		陶磁器		△	○	○	○
		燃料		△	○	△周辺	△周辺
		タバコ	○	○	○	○	○
	製造小売	豆腐	○	○	○	△周辺	△周辺
		弁当		△	○	○	○
		惣菜	△	○	○	△周辺	△周辺
		製麺		○	○	△周辺	△周辺
飲食・サービス	飲食業	一般食堂		○	○	○	○
		そば・うどん		○	○	○	○
		中華そば		○	○	○	○
		すし			○	○	○
		中華料理			△	○	○
		和食			△	○	○
		洋食			△	○	○
		居酒屋		△	△	○	○
		喫茶			△	○	○
		スナック			△	○	○
	サービス業	クリーニング		△	○	△周辺	△周辺
		美容	△	○	○	○	○
		理容	△	○	○	○	○
		パチンコ			△	○	○
		マージャン				○	○
		ビリヤード				○	○

担すべき役割が異なることは勿論のこと成立する業種・業態も異なる。一般的にいわれている小売商業の階層別成立業種について表3-1に示しているので，これを参考に業種・業態および取扱商品を検討し決定することが必要である。

③ 業種別1人当たり年間家計消費支出額

業種別1人当たり年間家計消費支出額は，総理府統計局で実施している家計調査年報または月報を利用して算出している。この資料は調査対象となった全世帯（農林漁家，単身者を除く一般世帯）の家計簿を集計し平均したもので，都市階級別，地方別，品目別に細分化され支出額が掲載されているので，計画している取扱商品の品目を調査資料から抽出し，1世帯当たり支出額を1人当たり（業種別年間家計消費支出額÷平均世帯人員＝業種別1人当たり年間家計消費支出額）に換算し使用することが望ましい。

家計消費支出を業種別（取扱商品別）にまとめてみると一般的には表3-2の

表3-2 業種別1人当たり年間家計消費支出額

	支出額	備　考
呉　　　服		和服
寝　　　具		布団，毛布，敷布，他の寝具，タオル
紳　士　服		洋服，シャツセーター，下着類
婦　人　服		洋服，シャツセーター，下着類
子　供　服		洋服，シャツセーター，下着類
靴・履物		靴・履物
カバン袋物		カバン類，傘
愛がん用品		ペットフード，他の愛がん用品
貴　金　属		装身具，他の身の回り用品
生　　　花		切花
メ　ガ　ネ		メガネ
時　　　計		腕時計，掛・置時計
自　転　車		自転車
車関連商品		車等関連用品，他の車等関連サービス
家　　　具		一般家具，室内装飾品，ベット，敷物，カーテン机・椅子
医　薬　品		医薬品，健康保持用摂取品，保健医療用品・器具
化　粧　品		理美容用品
園芸材料		園芸品，園芸用品
家　　　電		家事用耐久財，冷暖房用器具，照明器具，電球・蛍光ランプ，ステレオ，ビデオカメラ，ビデオテープ，パソコン，他の教養娯楽用耐久財の一部，オーディオ，電池

書　　　籍	書籍，雑誌・週刊誌，教科書，参考書，他印刷物
文　房　具	文房具
ス ポ ー ツ	運動用具類
玩　　　具	テレビゲーム・他の玩具
楽　　　器	ピアノ，他の楽器
写真DPE	カメラ，フィルム，現像・焼付代
手 芸 材 料	手芸・工芸材料，裁縫用具，生地・糸類，他の教養娯楽用品
洋　　　品	他の被服，タオル
一般食料品	麺類，牛乳，乳製品，卵，乾物海草，納豆，大豆加工品，こんにゃく，佃煮，油脂，調味料，調理食品の缶詰，冷凍調理食品，惣菜材料セット
米　　　穀	米類，他の穀類
鮮　　　魚	生鮮魚介，鉛管魚介，魚肉練製品，他魚介加工品，うなぎ蒲焼
精　　　肉	生鮮肉，加工肉
野　　　菜	生鮮野菜
果　　　物	生鮮果物，果物加工品
酒　　　類	酒類，他の飲料
茶	茶類
パ　　　ン	パン，調理パン
和　菓　子	ようかん，まんじゅう，他の和生菓子
洋　菓　子	カステラ，ケーキ，他の洋生菓子
一般の菓子	せんべい，スナック，アイス，その他菓子
豆　　　腐	豆腐，油揚げ，がんもどき
弁　　　当	弁当，他の主食的調理食品
惣　　　菜	サラダ，コロッケ，カツレツ，天ぷら・フライ，しゅうまい，やきとり，ハンバーグ，他の調理食品のその他
漬　　　物	梅干，他の野菜漬物
金　　　物	設備材料，魔法瓶，スプーン，ナイフ，食卓用品なべ，やかん，他の台所用品
荒物・雑貨	家事用消耗品，家事雑貨
陶　磁　器	茶わん，皿，鉢
燃　　　料	プロパンガス，灯油，ガスボンベ，他の光熱，ガソリン
タ　バ　コ	タバコ
クリーニング	洗濯代
理　　　容	理髪料
美　　　容	パーマ，セット，カット，他の理美容代
そばうどん	日本そば，うどん
中華そば	中華そば
す　　　し	すし
その他外食	他の和・中華食，洋食，他の主食外食
喫　　　茶	喫茶
飲　　　酒	飲酒

ようになるので参考にされたい。

④　吸引力の予測

吸引力を予測することはきわめて困難ではあるが，商業集積における経営実績からの推測，競合大型店の吸引力および交通条件，競合商業地，顧客の買物動向調査など地理的，社会的条件を考慮し予測することが必要である。

⑤　家計消費外需要

家計消費外需要は，主として事業所消費と独身者（若者向け）の消費および観光客向け需要となる。これらについての調査資料は従来から少なく資料収集も困難であるが，これからは関係機関ヒアリングを通して家計消費外需要を予測できるデータの収集に努めることが必要である。

⑥　売場面積3.3m^{2}当たり年間販売額の予測

業種別売場面積3.3m^{2}当たり年間販売額の算出は，地域あるいは商業集積の性格，業種・業態構成，個店経営者の能力，経営方針，競合条件などにより異なるが，一般的にはこれまでの事例および中小企業の経営指標などを参考にして予測し使用することが望まれる。

(2) 売場面積の算出

店舗規模を決定する場合，最も重要なことはいうまでもなく売場面積である。この売場面積が決まると，その他の面積や施設は容易に算出することができるので，規模決定の中心課題は売場面積の決定にあるといえる。

前記条件に基づいて業種ごとに開発可能売場面積を算出する方法を述べれば次のとおりである。

【売場面積算出の流れ】

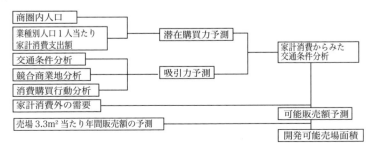

【業種別可能売場面積算出の公式】

$$An = \frac{\{(B \times C) \times D\} + E}{F}$$

An…開発可能売場面積
B…商圏内人口の予測
C…業種別人口1人当たり家計消費支出額の予測
Sn…潜在購買力の予測
D…吸引力の予測
Kn…家計消費からみた可能販売額の予測
E…家計消費支出外需要予測
Tn…可能販売額の予測
F…売場 $3.3m^2$ 当たり販売額の予測

業種別開発可能売場面積算出表

業　種	B	C	Sn B×C	D	Kn Sn×D	E	Tn Kn+E	F	An Tn÷F
呉　服									
洋　品									

2. 内部的条件からの売場面積の検討

　外部的条件から規模を算出する一方，出店者の収益力・資金調達能力など，内部的条件から売場面積の妥当性を総合的に検討する必要性がある。特に外部的条件から算出された規模は過大になりがちであるので，過大投資をさけるため内部的条件から売場面積規模および投資規模の妥当性について検討することがきわめて重要である。

　具体的には外部的条件から算出された土地，建物，設備などについての総投資額を算出し，資金調達計画における問題の有無および借入金の償還能力（最低必要売上高は市場条件，商品計画，売場効率，労働生産性などからみて実現可能か）の面から投資規模を検討することである。

第2節　業種構成と業種配置

1. 業種構成 [1]

店舗規模が確定されると業種構成方針を決めることになる。業種構成方針としては（1）総合業種構成なのか，限定業種構成なのか。重点業種を絞るのか，広く浅くするのか。（2）自店のみの業種構成なのか，テナント入居を考えるのかである。

この業種構成方針決定は次の要因を検討すべきである。
1. 商圏の範囲，商圏内消費者の購買傾向
2. 出店地の商業集積の状況
3. 競合店の性格，競合状況
4. 立地条件
5. 店舗規模（前節で検討した）

この検討により業種構成方針決定が可能になる。

大型店ではテナント業種を導入し，自社業種の補完的業種としていることが多い。テナントを導入すると業種調整の必要性が生じる。

2. 業種配置 [2]

業種構成が確定されると業種，品種を買いやすいように配置し，営業効率が向上するようにする。

この方法は（1）関連グループ別配置と（2）動線計画による配置，（3）業種の特長による配置に分けられる。

（1）関連グループ配置は①用途，②客層，③商品を配置基準にしたものである。

①　用途配置

生活用品，贈答用品など用途による配置。

②　客　層

ヤング向き，シニア向き客層による配置。
③ 商品
　　食料品，衣料品など商品グループによる配置
このような基準を組み合わせ，顧客志向に立った配置が工夫されている。
(2) 動線計画による配置は①店舗の有効活用，②動線上からの配置がある。
① 店舗の有効活用
　a 購買頻度の高いものは1階，地下。
　b 目的指向性の高い業種は上階に。
　c サービス業は隅または死角。
② 動線上からの配置
　　主要動線と補助動線の配置に区分する。
　　主要動線配置
　a 購買量の多いもの
　b 購買頻度の高いもの
　c 季節性が打ち出しやすいもの
　　補助動線配置
　a 目的指向性が高いもの
　b 購買頻度の低いもの
　c 趣味的要素の高いもの
このように業種・品種特性をもったものを配置する。
(3) 業種の特長による配置
　a 対面業種，壁面業種ごとに集める。
　b 同業種は並列配置にする，一カ所に集める。
　c 主力業種に関連の強い業種を集める。
実際には各種方式を組み合わせ，配置を決定することが多い。

第3節　売場配置

1. 売場配置の原則

　消費者に店の奥まで、入ってもらうためには，売場構成が重要となる。原田俊夫は売場構成の10原則を述べている[3]。

　① 顧客需要満足の原則

　売場は店主の趣味だけではなく，顧客の要望にかなわなければならない。取扱商品により売場構成は異なってくる。商品特性と店の雰囲気は消費周期，購入上の努力，購入の計画性，商品への関心，価格，回転率，差益，店の雰囲気は著しく異なる。そこで，こうした取扱品目の特徴に応じ，できるだけ顧客の要望を満たしうるように，売場配置とか陳列を考える必要が生じる。

　② 適時性・適所性の原則

　売場の雰囲気を時々に季節感に合わせたり，接客のタイミングの時期を考えたり，売場の効率性からも必要である。他方，適所性の原則は売場の連続性，親近感をはじめ，ケースの配置，従業員のいる場所についても考慮すべきである。

　③ 魅力性の原則

　売場には能率が必要であるが，それだけではなく，売場のどこかに，中心点とか，特色とかがあり，それにより売場の魅力を向上させることが必要である。

　④ 親密性および清潔性の原則

　売場はたんに美しいだけではなく，親近性が必要であり，さらに清潔さが必要である。

　⑤ 整頓性および商品選定容易性の原則

　売場には親近感が必要であるが，乱雑になると問題である。そこで売場は常に自然に整頓され，消費者が欲しい物を容易に見つけ出せることが必要である。

　⑥ 店内交通自由の原則

　消費者が自由に店内に入れる工夫や店内の移動ができることが必要である。店内移動，消費者の通る道筋を顧客動線と呼ぶ。動線については後で述べる。

⑦　販売能率向上の原則

店員の常時配置，包装台，レジの位置に至るまで，販売能率向上を考えるべきである。

⑧　安全性の原則

売場は災害，盗難等の対策が必要になる。万一事故が起きた場合に備え消費者，従業員，商品等を安全に危険から守る，危機管理が重要である。

⑨　経済性の原則

売場は商品を売る舞台であり，売場に極端に投資し，綺麗にすることは避け，採算がとれ，必要以上に経費がかからないようにすべきである。

⑩　店舗構造柔軟性の原則

店舗は良い材料を使っている，構造力学上優れているからといって，必ずしも良いとはいえない。むしろ，季節，催事に模様替えが容易なことが重要である。このような原則に従い，売上の増進，販売促進に役立てるように努める。

2. 売場配置の要素

売場配置の具体的な要素について検討したい。衣川巌大等は店舗施設として①前方施設，②中央施設，①後方施設，④サービス施設の4つを述べている[4]。

①　前方施設[5]

図3-1によれば，前方施設は誘導機能と宣伝訴求機能を果たすものであることがわかる。

誘導機能は (1) 駐車場，(2) 店頭閑地，(3) 案内設備である。
(1) 買い物に車を使う現在では駐車場は不可欠である。また，駐輪場や車椅子，ベビーカー置き場も必要だろう。
(2) 店頭閑地は無駄のようにみえるが，店舗のゆとり等魅力性は高まる。
(3) 案内設備は店頭へ誘導し，消費者を売場に容易に導くものである。

宣伝訴求機能は (4) 外装，(5) 看板，(6) 店頭，(7) ショーウインドーである。
(4) 外装は店舗の存在と取扱商品の特徴を明示し一見してそれとわかることが重要である。

図 3-1　前方施設

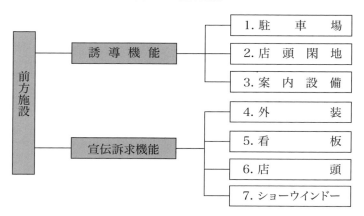

出所：衣川嚴大・正根寺宏『店舗診断』ビジネス教育出版社，1979年，p.51。

(5) 看板は店自体と取扱商品を訴求し，消費者が識別しやすいことである。

(6) 店頭は魅力性に大きく関係する。入店のしやすさが求められる。

(7) ショーウインドーは店舗の顔であり，その演出は重要である。

② 　中央施設[6]

図 3-2 によれば，中央施設は販売促進機能と補助機能である。中央施設は販売に直接関わるところである。

販売促進機能は(8) 通路，(9) ショーケース，(10) 陳列棚，(11) 陳列台，(12) 陳列用具，(13) 販売用具，(14) 照明，(15) 色彩調整，(16) 接客設備である。

(8) 通路は店内を自由にみて歩け，安全であることである。また，すべての商品がみてまわれることが重要である。

(9) ショーケース，(10) 陳列棚，(11) 陳列台は商品をみせるためであり，効率性，魅力性，選択容易が求められる。

(12) 陳列用具はマネキン等小道具で，売場を演出するためであり，売場，商品の魅力を向上させるものである。

(13) 販売用具はレジスター等々であり，効率性向上を考え対応される。

補助機能は魅力性を向上させ，より販売活動を促進させる機能である。それ

は (14) 照明, (15) 色彩調整, (16) 接客設備である。

(14) 照明は店内全体と演出のためのものであり, 商品の魅力性を高め, 販売活動を促進するために用いられる。

(15) 色彩調整は全体の色の調整, 商品の陳列と合わせる等, 販売促進, 魅

図 3-2 中央施設

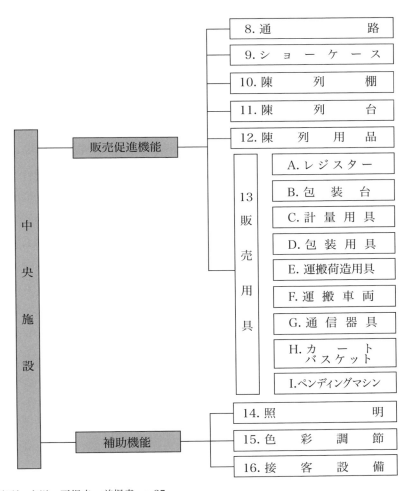

出所：衣川・正根寺, 前掲書, p.65。

力性,安全性を高めるものである。
(16) 接客設備一般的にイス,テーブルである。
③　後方施設[7]

図 3-3 によれば後方施設は管理機能と生活機能に分けられる。後方施設は売場ではないことから軽視されていたが,近年,管理機能上重要であることや,従業員の福利厚生面の認識がされ検討されている。

管理機能は（17）事務室,（18）倉庫である。

図 3-3　後方施設

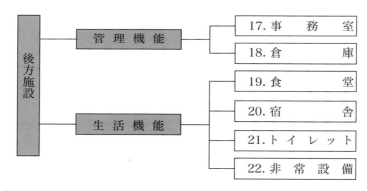

出所：衣川,正根寺,前掲書,112 ページ。

(17) 事務室は売場と分離し,経営管理を遂行する場所として重要である。
(18) 倉庫は在庫管理を有効にし,品質,商品の価値を減少しないようにする場所である。

生活機能は（19）食堂（休息室）,（20）宿舎,（21）トイレット,（22）非常設備であり,従業員の定着,労働意欲の向上を促進し労働環境快適化を配慮したものといえる。

④　サービス施設[8]

図 3-4 によれば,これまでの機能の小分類（1）駐車場から（5）看板を除き,それ以外の小分類にて構成されていることが確認できる。その小分類を展示陳列機能,購買選択機能,演出機能,防火機能としている。

図 3-4 サービス施設

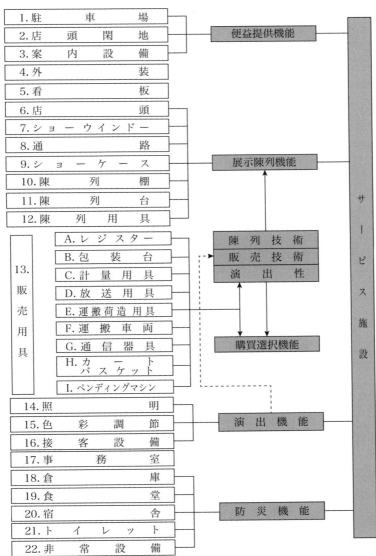

出所：衣川，正根寺，前掲書，p.124。

以上は売場構成の対象となるものであり，機能を理解し検討すべきである。

つづいて，売場と店舗構成を先述した機能のうち，店舗内動線・通路，陳列等について検討したい。

第4節　売場の構成

1．店舗内動線・通路

店内動線を決めるのは通路である。通路は原則として店舗の壁面に沿って，巡回できるようにする。消費者は店舗壁面の陳列に最も商品選択をしやすいからである。そして店内をできる限り巡回してもらうことが，多くの商品と出会うことになり，商品販売できる可能性が高い。そこで，動線はできるだけ長く，直線だけでなく，曲動線を組み合わせ，縦八文字動線を考える。また，客だまりをつくる⁽⁹⁾。

図3-5　店内通路のレイアウト

客動線の長い例　　　　　曲線，T型動線の長い例

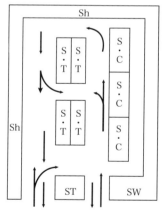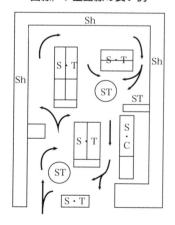

出所：神谷，前掲書，p.104。

2. 通路幅

通路幅は商品特性，業態により違ってくる。

通路幅が広すぎると親しみにかける，反対に狭すぎると活気を感じるが，巡回が困難となる。

表3-3 はその基準を示したものである[10]。

表 3-3 通路幅基準

	最　小	普　通	最　大
主　通　路	75cm	90-120cm	250cm
副　通　路	60cm	75-90cm	180cm
販売員通路	45cm	60cm	70cm

出所：神谷，前掲書，p.105。

表に示された基準から，一般的に，主通路は一般小売業で 90 〜 120cm，大型店 180 〜 250cm が必要であろう。副通路は一般小売業で 75 〜 90cm，大型店 120 〜 150cm が必要だろう。販売員通路は 1 人の場合 45cm，2 人以上では 60 〜 70cm が必要だろう。

3. 陳　列

① ショーケース

多くの商品がパッケージ入りであるが，ガラス越しに商品を高級感，清潔感を強調し，みせることも重要である。ショーケースは形も豊富であり，商品特性に応じてみやすく，買いやすいように演出できる。ショーケースの有利な点は 1. 消費者が自主選択できにくい商品，説明を加えた方が販売しやすい商品。2. 趣味，晴好が高く，単価も高い商品。3. 対面販売，接客技術に重点をおくもの。4. 消費者の誘導をはかるである[11]。

ショーケースの商品陳列には特殊な技術を必要とすることから，細かな配慮が重要である。

② 陳列棚

陳列棚は消費者の最もみやすい場所，商品を手に取りやすい場所がある。他

方，陳列は可能でも，手の届かない場所，みにくい場所がある。このような陳列機能の側面から陳列範囲を検討する必要がある。図3-6の如く，最有効範囲は70〜150cmとされ，180cm以上になると手に取るのが困難になる。

図 3-6　標準的な商品陳列棚

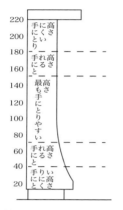

出所：衣川，正根寺，前掲書，p.75。

40cmと，低いと商品陳列の魅力が薄れる。

このようなことを認識し，上手な陳列を進めることが重要である[12]。

また，陳列棚の商品陳列方法は，横割り，縦割りがある[13]。

③　陳列台

陳列台は一般には平台と呼ばれ，購買を気安くする効果がある。商品を平積みにして陳列する。特価品販売に良く利用されている。多数の商品を陳列するのは適していない[14]。

注

(1) 神谷蒔生『小売業マーケティングの実務』同文舘，1978年，pp.93-98。
(2) 同上書，pp.98-101。
(3) 原田俊夫『マーケティングの考え方・すすめ方（16版）』同文舘，1967年，pp.91-101。
(4) 衣川巌大・正根寺宏『店舗診断』ビジネス教育出版社，1979年，pp.45-121。
(5) 同上書，pp.51-64。
(6) 同上書，pp.64-112。
(7) 同上書，pp.112-121。
(8) 同上書，pp.123-156。
(9) 同上書，pp.65-71，神谷，前掲書，pp.103-104，原田，前掲書，pp.98-100，商業経営ハンドブック編集委員会編『商業経営ハンドブック』技報堂，1966年，pp.176-180。

(10) 衣川巌大・正根寺宏，同上書，pp.65-71，神谷，同上書，p.105，商業経営ハンドブック編集委員会編，同上書，pp.168-171。
(11) 衣川巌大・正根寺宏，同上書，pp.71-77。
(12) 同上書，p.77，神谷，前掲書，pp.105-106。
(13) 衣川巌大・正根寺宏，同上書，p. 77。
(14) 同上書，p.78。

参考文献：第3章第2節 - 第4節の執筆に注記以外で参考にした文献は以下の如くである。
(1) 出牛正芳他共著『商業経営論』税務経理協会，1978年。
(2) 大塚尚人『マーチャンダイジング総論』同文舘，1978年。
(3) 三浦 一『現代小売マーケティング（第2版）』千倉書房，1996年。
(4) 渡辺敬三『小売企業の経営学』中央経済社，2000年。

第4章　小売業の仕入・品揃え・在庫管理

第1節　マーチャンダイジング

　小売業は何ら商品を製造しない，商品を仕入，販売し価値実現するのが役割である。この価値実現は市場に適合しないかぎりその役割は達成できえない。小売業が市場に適合するためには，消費者を満足させるマーチャンダイジングが重要になる。いいかえれば，市場の分析により，消費者の必要性・欲求を抽出し満足を提供しなければならない。それに対応できる商品の具現化がマーチャンダイジングである。

　消費者の必要性・欲求に対し，的確な品揃えにより，販売可能性を拡大させ，市場機会を創造し，価値実現を推進する。

　そのためにミクロ的な，1.顧客　2.購入商品　3.購入動機　4.購買周期，頻度，数量　5.購買価格　6.決済を考察する必要がある[1]。

　1．顧客：年代，性別，所得，職業，近隣・遠隔地等
　2．購入商品：主力商品，見せる商品，季節品，流行品，高級品，奉仕品等
　3．購入動機：品質，鮮度・新商品，色彩，デザイン，ブランド，廉価，贈り物，店が近い，馴染み，サービスがよい等
　4．購買周期・頻度，数量：毎日，2～3日おき，毎週，1カ月，1年，春，夏，秋，冬，記念日等　大量，カートン，ダース，半ダース，少量，1個等
　5．購買価格：定価，現金割引，数量割引，カード会員割引，特売割引等
　6．決済：現金，小切手，約束手形，掛売り，月賦，カード，買い物券・商品券，電子財布等

　さらに，マクロ的に人口，世帯数，年代構成比率，競争店，文化，消費慣習，

消費水準，気象条件等を考慮する。

　このような市場の分析により，消費者の必要性・欲求を見出し，消費者満足に対応できる商品を揃えることが重要である。しかし，店主（経営者）の価値判断で品揃えされていることが多く，消費者の満足に対応していないことが少なくない。消費者は自己の満足のために商品を購買するのであり，店主の価値観のために顧客行動しているわけではないのである。つまり，店主が品揃えするのではなく，顧客が品揃えするのである。さらに，商品は現象形態であり，目にみえる存在であるが，消費者には目にみえない内的な満足を提供することが他店との差別的優位性につながる。

　このように，マーチャンダイジングは小売業の基本である。

　次に，マーチャンダイジングの方針・目標が決まれば，それに基づき商品構成と仕入（商品選定：merchandise selection）をすることとなる。

第2節　商品選定

1．商品構成

　商品構成は仕入に先だち，扱う商品の大枠を決めることである。つまり，商品構成はマーチャンダイジング方針・目標を最適な品揃えに反映するための枠組みであり，品揃えの幅，深さを決め，個別商品の仕入に際し，その基本概念を提供するものである。この商品構成には品種構成，品目構成が含まれる。

　商品構成における品揃えの幅とは，売場において置かれている商品の品種数の幅であり，これが多いと広い幅ということができる。つづいて，品揃えの深さとは，特定の品種内における，デザイン，カラー，サイズ，ブランドなどの種類の多さをいう。

　では，品種構成，品目構成についてみてみよう[2]。

　① 品種構成

　業種を構成している商品分類の大分類に当たるもので，例えば，家電小売店（部門）ではテレビ，電気冷蔵庫，パソコン等である。

② 品目構成

消費者の目からみて分類可能な最小単位の商品である。価格，ブランド，カラー，柄，サイズなどの組み合わせによる単位である。例えば，Ａメーカー，サイズＭ，カラー：レッド，価格9,800円などである。

商品構成の基本パターン

品種，品目の構成は大きく4つのパターンに分けることができる[3]。

(a) 狭くて深い商品構成

この商品構成は，品種は少ないが，品目は深く取り揃えるものである。小型店（専門店）といえる。

(b) 狭くて浅い商品構成

店舗が狭く，最小の品揃えの小型小売店である。この商品構成は，品種は少なく，品目を深く取り揃えるものである。

(c) 広くて深い商品構成

店舗が大きく，売場面積も広く商品が充分に並べられる大型小売店である。この商品構成は，品種は広く，品目は深く品揃えしている。

(d) 広くて浅い商品構成

品種は広いが，品目は浅い。小規模総合店といえる。

表 4-1 商品構成の基本パターン

	パターン	品種	品目	適用例
Ⅰ	狭くて深い商品構成	品種A 品種B	abcdef 1234	専門店
Ⅱ	狭くて浅い商品構成	品種A 品種B 品種C	Abc 1 あ	小型最寄店
Ⅲ	広くて深い商品構成	品種A 品種B 品種C 品種D	abcdef 123456 あいうえお アイウエオ	デパート 大型専門店
Ⅳ	広くて浅い商品構成	品種A 品種B 品種C 品種D	abc 12 あい ア	小規模総合店

2. 仕　入

　商品構成の設定がなされたら，仕入活動を効果的に行う。つまり，商品構成計画を具現化する商品選定，時期，数量，価格，仕入先を決める⁽⁴⁾。

3. 商品選定

　現実には商品構成の考え方から離れ，仕入担当・店主の価値観，仕入先先導，強気・対抗意識，投機的になされることが多い。この場合は，商品構成計画を決めてないことが少なくない。いいかえれば，商品構成はマーチャンダイジング方針・目標を最適な品揃えに反映するための枠組みであり，品揃えの幅，深さを決め，個別商品の仕入に際し，その基本を提供するものであるが，この趣旨が生かされていない商品選定が行われていることになる。

　例外的に商品構成外の商品選定することがあったとしても，通常，商品構成は基本的なものであり，商品選定はこの原則にしたがい，この枠組みに納める。

　品目構成決定では細分化された商品選定となることから，基本が確(しっか)りしていないと個人の価値観，仕入先からの商品推薦に振り回され，混乱することがあるので，基本枠組みは明確にしておくことである。

　基本枠組みが確りしていれば，多くの商品から最も適合するものを選定できる。選定商品は，継続商品，改良商品，発掘商品，新製品，輸入商品であり，これらの商品を検討する[5]。

　検討は商品に対する充分な情報が必要となる。

4. 商品情報

　商品情報は内部と外部に別れる。内部情報は接客情報，顧客要望情報，販売記録・データ，消費者調査である[6]。外部情報は仕入先情報，新聞・雑誌，他店調査である[7]。

(1) 内部情報

　①接客情報は仕入担当者が直接顧客と応対し，顧客のニーズ等を把握する。この情報に対応した商品選定をするものである。この方法は顧客から直接的に

情報を入手でき，具体的ニーズを知ることができる。しかし，接客回数が少なく，顧客に偏りがあると，特定のニーズを全体情報ととらえる恐れがあり注意を要する。仕入と販売の担当が分離しているときは，仕入担当は売場に努めて足を運び，販売を通じて情報を収集することは重要である。

　②顧客要望情報は販売担当者が接客対応したとき，顧客の商品要望を聞くことがある。その顧客が要望した商品がなかったとき，販売担当は仕入担当に情報を伝達する。伝達方法はカード，Ｅメール等の利用が考えられ，品名，商品要望内容，顧客特徴等を記す必要がある。顧客要望に対応できないのは，その商品を取り扱っていない，他方，その商品が品切れしているときである。その商品を取り扱っていないときは商品構成を検討する必要がある。その商品が品切れしているときは機会損失につながることから安全在庫の検討が生ずる。この情報は顧客の直接的なものであり，情報整理をしながら，品揃えの活用に利用すべきだろう。

　③販売記録・データは過去の記録であるが，商品選定するうえできわめて有効な情報である。これまでは単品管理台帳にて単品の情報管理が行われてきたが，現在はPOSシステムにて単品管理がなされ，情報がデータ化されていることが少なくない。POSシステム利用により瞬時にその情報が入手できることから，コンビニエンスストアはこれを駆使し商品選定をしていることは周知の事実だろう。商品選定を行ううえで，商品の性格（定番，季節，ファッション等）により情報活用は異なる。定番商品はその傾向がつづくことからデータを継続できるが，それ以外ではこれまでの傾向を重視しながら，市場の動向を読み取り予測することになる。とりわけ，ファッション商品は過去の情報は評価できないので，売場の傾向を把握し対応する。

　④消費者調査による商品情報収集である。あまり買物をしていない顧客にアンケートを行い，不購入商品の理由を把握するものである。

(2) 外部情報

　①仕入先情報は仕入先販売員と仕入先商品企画である。仕入先販売員の情報は多くの他店の仕入状況を把握していることから，売れ筋情報を入手できれば

有効である。しかし，情報は常に確かめなければならない，仕入先販売員のノルマのための売り込み，仕入先の過剰在庫処理等，仕入先販売員の人柄，過去の行動から情報を評価すべきだろう。

仕入先商品企画は商品構成に有効であるが仕入先商品企画の理由を分析する必要がある。

②他店調査は継続的に頻繁に行う。自社との商品構成の強み弱みを把握し，よく売れている商品，価格ゾーン，価格ライン，品目数，主力ブランドを調査する。

③新聞・雑誌，インターネットから現在の売れ筋，傾向を把握する。また，POSデータからの商品売上公表もなされているので利用する。

5. 仕入時期

①商品展開の3つの時期。最適な商品選定を行っても，商品の仕入時期をはずすと売れる機会を逃すことになる。商品の性格により特に時期の検討は重要である。そこで仕入時期が重要な季節商品ファッション商品について検討しよう。季節商品，ファッション商品は一般的に紹介期，最盛期，整理期の3つの時期を考慮する。紹介期，本格シーズンに先がけて商品の紹介展示するもので，見せる商品であり，興味を引き，シーズンの主流を探るため広く，浅く行うと良い。顧客を注目させ本格シーズンへと結びつけ，売れ筋の把握がねらいとなる。最盛期，大部分の顧客がこの時期に購入し，販売量も多い。売れ筋商品もはっきりし，その補充が売上を決める。紹介期に売れ筋を把握していれば，期待した効果が得られる。整理期，この時期は使用時期としては最盛期であり，仕入は最も難しい。例えば夏物の衣料は8月が使用最盛期である。しかし商品展開では整理期であり，メーカー，卸は値下げを行う，小売店でもバーゲン・セールが目立つようになる。通常価格の仕入と値下げ価格仕入れる時期を充分考慮する[8]。

②販売スケジュール表による時期決定。商品特性により紹介期，最盛期，整理期が異なるが，同一商品なら毎年同じように展開されるだろう。そこで品種

別に紹介期，最盛期，整理期を明示しスケジュール表を作成する。スケジュール表には世間一般の行事，メーカー，卸の展示会，品種別販売動向，バーゲン等を入れると良い[9]。

6. 仕入数量の決定

　仕入数量は仕入予算に基づき行われる。仕入予算は品種，品群で決められており，その枠内で決められる。しかし，現実には在庫高を超え仕入枠が無く，欲しい商品，数量が確保できないとの声を聞くことがある。

　この要因は，仕入は予算通りであったが，売上が伴わない。仕入商品が売れ残り，新商品が入り，売れ残り商品が溜まる。新商品（新品目）追加による在庫オーバーであるということが多い。これは売上と在庫の均等がとれていないといえる。

　不均衡をなくし，売れる商品在庫は多く，少ないものは少なく在庫することが当たり前である。そこで単品管理による素早い売れ行き把握，死に筋商品の在庫把握，追加商品の適切な仕入をすることであろう。重点在庫をもつ品目と必要在庫，最低必要在庫の品目に分け対応することが必要だろう。

　しかし，新品目の追加が必要となる。追加をすると在庫高は予算を超えてしまう。そこで，売れ行きが悪い品目と入れ替え新品目を追加する。売れ行きの悪い品目の在庫数量を減少させる。新品目の追加により売り上げ増が見込める等の検討が必要だろう[10]。

7. 仕入先の選定

　商品構成に基づき，商品選定，仕入時期，仕入数量の決定がなされる。次に，商品をどこから仕入れるのかである。

　仕入先はメーカー，全国卸，地元卸等が考えられる。仕入数量が少なければ，メーカー直とはいかないし，数量が見合っても品揃えを多くするためには卸と取引することになる。地元卸を利用するにしても，近隣商店と品揃えが同じようになってしまう可能性がある。多くは地元卸から仕入れるにしても，差別化

するために独自の卸を開発する必要があるだろう。仕入先選定方針として，自店の方針，規模，体質に適合しているのか検討を要する[11]。

8. 価格の設定

　顧客は価格に影響を受けることから，商品の価格を設定することは重要である。商品の価値（消費者の満足度）に合致し価格を設定することが重要である。

　価格設定に影響を与えるのは，コスト，業態，販売方法，諸経費，競争，市場慣習，法的規制，仕入先の規制である。この影響要因を考慮し，価格方針が決められる。価格方針は同一時点で同一価格，競争状況により，店ごとである。

　設定は一般的に，①コスト・プラス法，仕入価格（原価）に一定の利幅を加えて売値を決める伝統的な方法。②最終価格主導法，商品ごとの価格ラインを設定し，その価格ラインに合う原価の商品を仕入れる方法。③標準価格法，メーカー，卸等の指定した価格にしたがう方法。④模倣的価格設定法，市場に一般的設定されている価格にあわせる方法である。ただし，商品の展開時期，商品特性に合わせることが必要である[12]。

9. 価格の活用

　価格設定は消費者の購買心理や競争等が考慮される。それをどのように活用するのか検討したい。①価格ライン，商品グループごとに複数の価格をいくつか設定し，顧客の商品選択を便利にする。②端数価格，顧客の心理的割安感を与えるため，例えば，1000円の商品を980円に設定する。③目玉商品，顧客誘引をねらい，有力ブランドを中心に大幅に値引く。④纏め売り。同一商品を多く買えば割安にして多量販売を行う。価格は消費者に強い影響を与えることから，適切な価格設定と活用が必要である[13]。

第3節 在庫と在庫予算

1. 在庫予算

　仕入は売上を考えてなされるが、どれぐらいの在庫が必要なのか、在庫予算が重要になる。在庫と売上の均衡がとれていないと仕入れができないことは前述した。品揃えが消費者の欲求、必要性に合致していないと売上は達成できない。また、季節変動を考慮し対応すべきである。そこで変化に対応した在庫予算が必要になり、金額管理にて月次在庫予算を求めることになる。ここでは①基準在庫法と②百分率変更法の2つの計算法をみることにする[14]。

(1) 基準在庫法

　この計算方法は各月の（月別）売上高予算に期間平均在庫を加え、月平均売上高を差し引き、月初計画在庫高を求める。

$$月初在庫高 = 月の売上目標 + \left(\frac{年間売上目標}{予定商品回転率} - \frac{年間売上目標}{12} \right)$$

この計算式にて求められる。

　たとえば、年間売上120千円、予定商品回転率6とすると、平均在庫高は20千円となる。

表 4-2　月別売上高

月	売上目標	月	売上目標	月	売上目標	月	売上目標
1	10千円	2	8	3	9	4	11
5	9	6	12	7	10	8	9
9	10	10	10	11	10	12	13

年間売上：120千円

　上記の月別の売上高を仮に示した表4-2から1月の売上目標を取り出し、前述の計算式を簡略化した下記の式に当てはめてみよう。

$$月初在庫高 = 月の売上目標 + 年間平均在庫高 - 月平均売上高$$

　1月から4月までを計算してみよう。

1月1日の計画在庫高 =10+20−10= 20（千円）
2月1日の計画在庫高 = 8 +20−10=18
3月1日の計画在庫高 = 9 +20−10=19
4月1日の計画在庫高 =11+20−10= 22

　この例からも，年間平均在庫高から月平均売上高を引いたものに月の売り上げ目標を加えたものを月初在庫高とするものである。

　次に2月の在庫は18であるが，仕入予算を求めよう。そのためには月末在庫計画予算を求めなければならないが，2月の月末在庫は3月の月初在庫に等しいことから，3月の月初在庫数値19を代入する。

　　月仕入高予算 =8（月売上予算）+19（月末計画予算）−18（月初計画庫）= 9

となる。

　この計算結果は売価であるので原価で示すときは原価率を掛ける必要がある。

(2) 百分率変更法

　百分率変更法も（1）と同じく月初在庫高を求めるものである。式を示すと以下のとおりである。

$$月初在庫高 = \frac{年間売上予算}{予定商品回転率} \times \frac{1}{2}\left(1 + \frac{月売上予算}{\frac{年間売上予算}{12}}\right)$$

　この式を使うためには年間売上予算，予定商品回転率，月別売上予算が決められていなければ月初在庫高が求められないが，月初在庫高が決まり，月別売上予算が決定していれば仕入れ予算は求められる。式は次のとおりである。

　　月仕入高予算 = 月売上予算 + 月末計画在庫 − 月初計画在庫

　事例を用いて考えてみよう。前述事例（1）同様に年間売上120千円，予定商品回転率6とし，月別売上も前述（1）の表と同様とする。1月の月初在庫高は前事業年度の棚卸高となるので計算はしない。

　2月は

$$月初在庫高 = \frac{120}{6} \times \frac{1}{2} \left(1 + \frac{8}{\frac{120}{12}}\right)$$

$$= 20 \times 0.9 = 18 (千円) となる。$$

3月の月初在庫高は 20×0.95=19

4月の月初在庫高は 20×1.05=21 となる。

次に2月の在庫は18であるが，仕入予算を求めよう。そのためには月末在庫計画予算を求めなければならないが，(1) 同様，2月の月末在庫は3月の月初在庫に等しいことから，3月の月初在庫数値19を月末在庫計画予算とする。

月仕入高予算 = 8 (月売上予算) +19 (月末計画予算) −18 (月初計画在庫) = 9

となる。

この計算結果は売価であるので原価で示す時は原価率を掛ける必要がある。

2. 在庫管理

金額にて在庫管理の方法を検討したが，ここでは品目を考慮した在庫，仕入管理をみることにしたい。

(1) 経済的発注量

少量の商品を頻繁に発注するのは商品調達費用から経済的ではないが，大量に仕入れすると在庫費用等問題が生じる。そこで最も経済的な発注量を把握する必要がある。費用と発注回数は図4-1のようになる。最少費用での経済的発注量は発注費用と在庫費用が交わった点であることから，以下の式にて求めることができる。

$$Qu = \sqrt{\frac{2 \times B \times Y}{a \times I}}$$

ただし，Qu= 経済的発注量

　　　　a = 単価

　　　　I = 平均在庫金額に対する年当たり在庫費用の率

図4-1　経済発注量

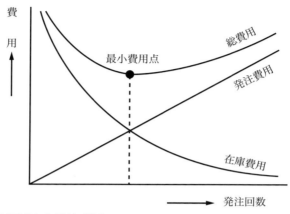

B=1回当たり発注費用

Y=年間推定販売量

　経済的発注量は，発注費用と在庫費用から経済性を追求するのである。この方法は，年間を通して多量に，平均的に売れるもの，商品破損の少ないもの，流行変化の少ないものなど等，このように商品の特性を考えて活用することになる[15]。

(2) 発注点法

　手持商品の在庫が一定水準（発注点）を下回ったら，あらかじめ決めておいた一定量を補充するやり方である。

　この方法は，比較的単価が安く，量を多く扱う標準的商品で，季節変動の少ないもの商品に適している[16]。

　$Pr = x \cdot y + S.S.$

　ただし

　Pr＝発注点（量）

　Qu＝経済発注量

　$S.S.$＝安全在庫

　x＝月平均需要量

図 4-2　発注点法

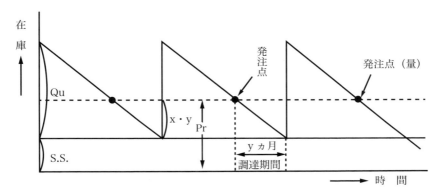

　　y＝調達期間（月）

(3) 定期発注法

　一定間隔に発注日を決めておき，定期的に在庫高を調べて発注する。定期定量発注と定期不定量発注がある。定期定量発注法は発注点を定め，その日がくれば一定量を発注する。定期不定量発注法は，発注点は一定であるが，発注量が異なる。発注量はその都度もとめる。また，必要在庫高（基準在庫）を決めておき，定期発注時点で基準在庫に不足する量だけを補充することもある[17]。

　発注量は，発注サイクル M カ月ごとに計算される。

　発注量＝(F + S.S.) − (O+S)

　ただし，F ＝ M＋調達期間　推定需要量

　　　　　S.S. ＝ 安全在庫量

　　　　　O ＝ 注文残数

　　　　　S ＝ 在庫数

　　　　　$M(月) = \dfrac{Qu}{X}$

　　　　　Qu ＝経済発注量

　　　　　X ＝月平均需要量

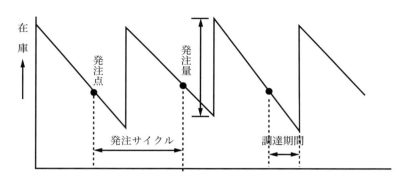

図 4-3　定期定量発注法

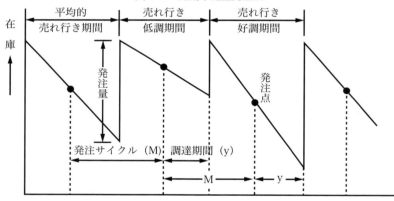

図 4-4　定期不定量発注法

3. 棚　卸

　棚卸はあるべき在庫と実際在庫の確認が会計処理上必要になる。しかし，商品管理上もきわめて重要である。それは過剰在庫でなかったか，商品の汚れ，滞留在庫は無かったかである。棚卸方法は（1）帳簿棚卸法と（2）実施棚卸法がある[18]。

（1）帳簿棚卸法

　商品在庫帳，商品在庫カードにより在庫高を把握する方法であり，帳簿上で継続的に行われる。この棚卸は帳簿上であるべき在庫を求め，(2) の実施棚卸に

より実際の在庫を確認し，商品ロスを把握する。把握方法は金額と数量による。

(2) 実施棚卸法

在庫を実際に点検するものである。この棚卸は少なくとも会計年度中に1回は実施し，帳簿有高と照合する。この棚卸は短時間で済むように，人員配置，手順，品目の整理がなされていることが重要である。

注
(1) 原田俊夫『マーケティングの考え方・進め方』同文舘，1967年，pp.174-181。
(2) 神谷蒋生『小売マーケティングの実務』同文舘，1973年，pp.115-120。神谷は品種の中に品群の概念をおいている。品種を構成している類似の分類を品群としている。パソコンを例にとればデスクトップ，ノート型である。
(3) 徳永 豊『戦略的商品管理 改訂版』同文舘，1990年，pp.89-91。市川 繁「商品計画と価格政策」宇野政雄『新小売マーケティング』実教出版，2000年，pp.28-30。神谷，同上書，pp.120-121。
(4) 徳永，同上書，pp. 285-287。神谷，同上書，p.136。
(5) 徳永，同上書，pp.298-300。神谷，同上書，pp.136-138。
(6) 徳永，同上書，pp.287-293。神谷，同上書，pp.138-140。
(7) 徳永，同上書，pp.293-298。神谷，同上書，pp.140-141。
(8) 神谷，同上書，pp.141-142。
(9) 神谷，同上書，pp.142-143。
(10) 神谷，同上書，pp.143-147。
(11) 十合 胱「仕入と商品管理」宇野政雄『新小売マーケテイング』実教出版，2000年，pp.46-47。神谷，同上書，pp.147-149。
(12) 徳永，前掲書，pp.163-173。神谷，同上書，pp.149-151。
(13) 徳永，同上書，pp.173-191。神谷，同上書，pp.151-191。
(14) 徳永，同上書，pp.67-79。神谷，同上書，pp.153-155。原田，前掲書，pp.149-156。
(15) 徳永，同上書，pp.244-251。神谷，同上書，pp.156-157。原田，同上書，pp.147-157。
(16) 徳永，同上書，pp.251-256。神谷，同上書，p.157。
(17) 徳永，同上書，pp.259-267。神谷，同上書，pp.157-159。十合，前掲書，pp. 55-57。
(18) 徳永，同上書，pp.205-221。原田，前掲書，pp.168 -173。

第5章　サービス社会の進展

第1節　歴史的観点において

　マーケティングの概念は経済の発展と時代の推移により変化し異なっていく。加藤勇夫はマーケティングの発展および変化を次の表5-1の様にまとめている。そこから読み取れるように，1920年頃までは生産過小による供給不足であり売手市場であった。そこでいかに多く生産するかということが重要視された。その意味で生産志向であり，生産力を拡大することが販売力を高めることであったと思われる。

　1920年代からは生産と消費が均衡した買手市場となり製品をいかに販売するかという販売志向に移り，広告，人的販売による高圧マーケティングを行うことになる。

　1930年代から1950年代にかけて生産過剰であり作ったものをいかに売るのかであった。ところが1929年に起きた大恐慌により1930年代の強引に販売する高圧マーケティングから最小努力（費用）から最大効果（利益）を得られるように消費者の欲するもの，満足するものを生産し，円滑に流通，販売を行う低圧マーケティングへと転換することとなる。

　そして1960年代頃まで売れるものをいかに作るかということが重要視され科学的な市場調査，製品計画を行うマーケティング志向となったが，1960年代後半からは消費者だけでなく市民のニーズと欲求に合った売るべきもの（社会貢献商品）をいかに作るかが重要視されるようになり，マーケティングが社会的志向となった。

表 5-1　マーケティングの概念の歴史的変遷

年代	生産状況(市場状況)	志向	焦点	企業理念	手段	目的
-1920	生産過小(売手市場)	生産志向	生産	いかに物を作るか	生産技術	生産能率向上による利益
1920-1930	生産消費均衡	販売志向	製品	作ったものをいかに売るか	広告 人的販売	売上高による利益
1930-1950	生産過剰(買手市場)					
-1960年代	生産過剰(買手市場)	マーケティング志向(市場志向, 顧客または消費者志向)	顧客(消費者)	売れるものをいかに作るか	市場調査 生産計画	顧客(消費者)満足による利益
-1960年代後半	生産過剰(買手市場)	マーケティングの社会志向(人間志向)	消費者・市民(消費者利益, 社会利益)	消費者・市民のニーズと欲求に適合した売るべきものをいかに作るか	統合された経営諸活動	消費者, 市民の満足による利益

出所：加藤勇夫『マーケティング・アプローチ論―その展開と分析―』，白桃書房，2000年，p.10から引用。

　このようなマーケティング概念の変化について第2次世界大戦後を中心として，わが国の社会構造変化を歴史的に検討したい。

　1950年代中頃に始まる高度経済成長は1960年代に本格化し，日本経済は繁栄を示した。

　1956年の経済白書では「もはや戦後ではない」と述べているが，52年の企業合理化促進法の制定，53年合成繊維育成5ヶ年計画，55年石油化学工業育成対策，56年機械工業振興臨時措置法，鉄鋼業第2次合理化計画，57年電子工業振興臨時措置法などにより製造業は生産の効率化，技術革新を進め発展したといえる[1]。

　これらについては国産コンピュータの生産育成およびその利用による工業，経営，財務，流通，金融，医療における効率化，合理化が大きく関係している。

　コンピュータの生産育成についてみると，1959年から64年までのIBMを中心としたアメリカ企業からの輸入と普及，1960年のIBMへの特許料支払いによる日本企業の生産可能や1961年に日本電子計算機株式会社（JECC）の設立，そして1966年の「超高性能電子計算機の開発」の官産学共同推進といったプロジェクトによって達成した。これにより各分野へのコンピュータの利用推進がなされることとなった[2]。

また第2次産業におけるコンピュータ利用については①生産技術，②生産管理技術，③コンピュータ支援設計技術，④制御通信技術，⑤システム設計技術の連続流れ生産で大量生産を可能としたFA（Factory Automation）や生産性と柔軟性の両立を目指した生産システムで生産技術情報を中心に統合した自動生産システムであるFMS (Flexible Manufacturing System)，販売情報・生産実績・在庫情報を集め市場主導の柔軟性のある「製販統合」を行う情報の戦略的な活用を前提としたCIM（Computer Integrated Manufacturing）が生産現場だけでなく経営管理部門に用いられるようになった[3]。

第3次産業の小売業においては1973年に販売時点情報管理システムといわれるPOS(Point of sale)システムの導入により単品ごとの商品管理を可能にし，小売店舗における売上情報を集約・加工・伝達することができるようになり，卸売業・メーカーなどの流通システム全体で活用している[4]。

ところで産業の合理化，効率化は製品の質を高め価格を下げることを可能とし，消費財の大量生産がなされ，産業界の発展だけではなく，家庭による消費財の購入が促され物的に豊な社会が形成されることになる。それは，1953年の「三種の神器」とされた白黒テレビ，電気洗濯機，電気冷蔵庫の普及や1966年の「3C」と呼ばれるカラーテレビ，クーラー，カーの耐久消費財ブームの実現となった[5]。そのように大量生産・大量販売・大量流通・大量消費によるモノ（有形財）の充足が促されたのである。

耐久消費財が充足されたことによって物的には満たされたが，消費者・顧客の関心はモノ（有形財）からしだいに心的豊かさへ変化するようになった。つまり余暇時間を消費し，レジャー・娯楽・教養といった財ではなく無形の満足を得るサービス（無形財）へと移行をしている。

第2節　サービスの現状

就業者を産業3部門別の構成から見てみると，第1次産業は1990年の451万人から2000年326万人と126万人の減少し，2010年時点では252万人

と 2000 年から 74 万人の減少している，さらに 2011 年は 223 万人で 2010 年から 29 万人の減少している。1990 年と 2011 年を比較すると約 51％減少している。

次に第 2 次産業は 1990 年の 2,099 万人から 2000 年には 1,979 万人と 120 万人の減少し，2010 年時点では 1,550 万人で 2000 年から 429 万人の減少している。2011 年には 1,473 万人で 2010 年から 77 万人の減少となっている。1990 年と 2011 年を比較すると約 30％の減少である。

それに比べ広義のサービス産業を含む第 3 次産業の就業者数の割合は高まっており，1990 年においては 3,283 万人で就業者全体の 56.3％であった。2000 年においては 4,103 万人で 70.3％となって 14％の増加，2010 年においては 4,395 万人で 75.3％となっており，2000 年と比較してみると 5％の増加となっている。2011 年においては東日本大震災の影響があるが 4,225 万人と 71.4％なっているが，2000 年以降の第 3 次産業は就業者構成比において 70％以上であることがわかる。1990 年と 2011 年を比較すると約 30％の増加である。

図 5-1　産業 3 部門別就業者数（単位　万人）

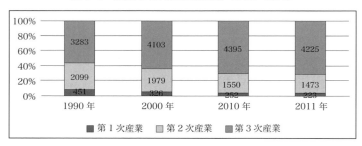

出所：http://www.star.go.jp/ 総務省統計局　2014 年 1 月 5 日参照。

次に広義のサービス業である第 3 次産業の推移を表 5-2 と図 5-2，図 5-3 にてみていきたい。

表 5-2 の産業別 GDP 構成比率から示されるように，第 3 次産業は 1994 年には 67.3％であったのが，2012 年には 75.0％となり 7.3％の増加がみられる。

それに対し第 1 次産業は 1997 年において 2.0％であったが，2012 年では

表 5-2　名目産業別 GDP 構成比率（%）

産業 / 年	1994	2000	2006	2012
第 1 次産業	2.0	1.7	1.4	1.2
第 2 次産業	30.7	28.5	26.7	23.8
第 3 次産業	67.3	69.8	71.9	75.0

出所：http://www.cao.go.jp/　内閣府ホームページ　2014 年 1 月 5 日　参照。
（注）第 1 次産業，第 2 次産業，第 3 次産業の合計値は 100.0 とする。

1.2％と 0.8％の減少となっている。また第 2 次産業は 1997 年において 30.7％であったが，2012 年には 23.8％と 6.9％の減少となっている。

つづいて家計支出の内訳を「住居」，「保健医療」，「交通・通信」，「教育」，「教育娯楽」を見てみたい。1986 年においては「住居」が 6.5％，「保健医療」が 3.7％，「交通・通信」が 7.2％，「教育」が 0.6％，「教育娯楽」が 9.8％となっている。これらの項目を合わせると 27.8％である。

図 5-2　1986 年　家計消費支出

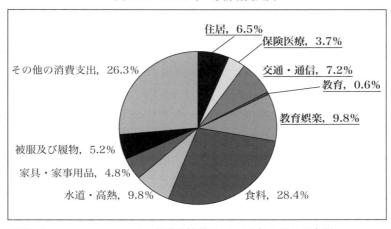

出所：http://www.star.go.jp/ 総務省統計局　2014 年 1 月 5 日参照。

2012 年の家計消費支出においては「住居」が 7.7％，「保健医療」が 4.4％，「交通・通信」が 13.7％，「教育」が 3.3％，「教育娯楽」が 10.3％となっている。これらの項目を合わせると 39.4％であり，約 4 割をサービスに対して支出していることがわかる。また 1986 年と 2012 年の各項目を比較検討して見

ると「住居」が1.2%,「保健医療」が0.7%,「交通・通信」が6.5%,「教育」が2.7%,「教育娯楽」が0.5%,項目の合計は11.6%の増加となっている。

図 5-3　2012 年家計消費支出

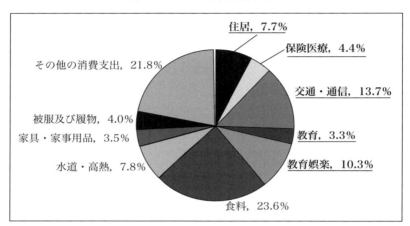

出所：http://www.star.go.jp/　総務省統計局　2014年1月5日参照。

表 5-3　平成 25 年調査速報産業別労働生産性

	労働生産性（万円）			
	２１年度	２２年度	２３年度	２４年度
合計	837	877	842	822
鉱業，採石業，砂利採取業	6,956	7,377	7,280	6,903
製造業	1,010	1,105	1,065	1,060
電気・ガス業	4,163	4,095	2,822	2,576
情報通信業	999	1,009	993	995
卸売業	843	916	944	927
小売業	486	506	513	498
クレジットカード業，割賦金融業	1,412	982	1,215	1,434
物品賃貸業	2,183	2,469	2,505	2,331
学術研究，専門・技術サービス業	959	1,026	1,057	1,027
飲食サービス業	268	221	247	223
生活関連サービス業，娯楽業	552	500	520	543
個人教授所	322	329	346	320
その他に分類されないサービス業	483	458	428	441

出所：http://www.meti.go.jp/　平成24年経済産業省企業活動基本調査速報　2014年1月5日参照。

（注）労働生産性＝付加価値額÷常時従業員数で計算を行う。

第5章　サービス社会の進展　109

これらのことを合わせて考えてみると日本経済においてモノからサービスへと消費傾向が増え第3次産業のと雇用割合も増加していることからみて，サービス経済化はますます進展し，多様化しているといえる。

さらにその産業構造に占めるサービスの多様化に対応するため日本標準産業分類のサービス業にかかわる分類は2007年3月に改定され再分類化された[(6)]。

第3節　サービスの生産性について

サービス経済化の進展，多様化が認められたが，次にサービスにおける生産性について検討したい。生産性は，表5-3の経済産業省の調査によると「電気・ガス業」，「情報通信業」，「卸売業」，「小売業」，「クレジットカード業，割賦金融業」，「物品賃貸業」，「学術研究，専門・技術サービス業」，「飲食サービス業」，「生活関連サービス業，娯楽業」，「個人教授所」，「そのほかに分類されないサービス業」などのサービス業において労働生産性が低いとしている。また「電気・ガス業」においては東日本大震災による電力発電に大きな問題が発生しており，そのため平成23年度からの生産性が極端に落ちているが，その他の生産性についてはほぼ横ばいであり上昇傾向は見られない。

図5-4　サービス業の労働生産性の時系列比較（2005年を1とする）

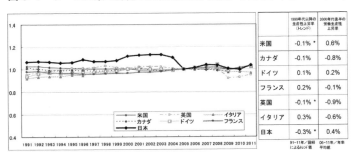

出所：http://www.jpc-net.jp/　日本生産性本部　2014年1月5日参照。
(注1)　*は統計的に有意でないことを示す。
(注2)　カナダは'10年以降欠損。生産性上昇率は'06-'09年平均。
(注3)　フランスは'11年欠損。生産性上昇率は'06-'10年平均。
(注4)　日本：サービスに加え飲食を含む。またここでのサービス業の定義は非製造業のことである。

次にサービス業の労働生産性を時系列で見ると、約20年においてほぼ横ばいで推移している。1990年代以降の傾向をみても、各国の労働生産性上昇率は−0.3〜+0.3％程度にとどまっており、停滞傾向にあるといってよい。これは、サービス業に分類される医療・福祉や教育、人材派遣、娯楽といった分野が労働集約的な性格を持ち、経済規模を拡大する際に多くの雇用を吸収してきたことが影響している。

2000年代後半をみても、こうした状況に大きな変化があったわけではない。米国（＋0.6％）と日本（＋0.4％）、ドイツ（＋0.2％）といった国では生産性がわずかながら上昇しているものの、英国（−0.9％）やカナダ（−0.8％）、イタリア（−0.6％）、フランス（−0.1％）では生産性上昇率が若干のマイナスとなっている。こうした推移をみる限り、どの国も生産性の停滞状況にあるといえよう。

このことから日本のみならずサービスにおける生産性上昇率は大変低いままであるといえる。サービス業が産業のなかで占める比率が高いことから、生産性の向上が課題である。

生産性の向上は、より少ない経営資源の投入で、より大きな付加価値を上げることである。「モノ」の生産では生産の成果を在庫にでき、生産時間の短縮がなされれば生産性が向上する。しかし、サービスは顧客との共同による生産活動であるため1日、1週間、1年間における生産変動状況を予測することは困難であり、業務量の変動状況は大きいため手持ち時間による人件費のロスあるいは需要に対応できないことによる機会損失が生じる。またサービス生産に参加する顧客の参加レベルについても管理することがサービス品質を左右することになるため、顧客のサービスへの参加を促す体制を築くことは重要な課題となる。

このサービス生産性を高めるには、大きく3つの方法が考えられる。①人的労働を機械に行わせる「置き換え」あるいは労働の「マニュアル化」、②セルフ生産・提供過程の一部を顧客に任せることで可能にする「セルフサービス化」、③需要と供給の隔たりを解消することによる「稼働率の向上化」である。先に述べた①から③の方法を以下詳しく述べる[7]。

①「置き換え」あるいは労働の「マニュアル化」である。まず「置き換え」については，上記にて述べたように生産過程に機械を導入することでそれまでの手作業では極めて困難であった作業を可能とし，合理化・効率化を図ることとなる。また「マニュアル化」については，それまで人的労働を行い各従業員が得た経験が異なり熟練な従業員と未熟練な従業員では顧客に対するサービス提供における大きな差が生じてしまう。あるいは熟練者から未熟練者に経験を伝える際に十分伝わりきらない可能性もある。このような問題に対応するために作業工程を明文化・形式化し，マニュアルを作ることで標準化し，未熟練な従業員でも標準的なサービスを提供できるようにしている。

②「セルフサービス化」である。きめ細かく個々の顧客のニーズに対応することは企業にとって大きな負担となる。そのため負担となる非効率的なサービスの提供を行わず，サービスの一部の負担を顧客に求めることとなる。しかし，この「セルフサービス化」では顧客がサービスの負担をすることができない場合においては行うことができない。

③「稼働率の向上化」である。これらは需要と供給の隔たりを解消しようとするものであるが，広く知られているサービスの基本特性は無形性（intangibility），変動性（variability）あるいは異質性（heterogeneity），消滅性（perishability），不可分性（inseparability）である。そのためサービスを顧客と切り離し生産および保存を行うことはできない。それによりサービス生産設備・サービス従業員の労働力を上回る供給においては対応することができず，顧客に不満を持たれてしまう。企業は複数のサービス商品を ⅰ：「組み合わせ」や ⅱ：「相互利用」することで稼働率の向上ができる。次に ⅰ から ⅱ の稼働率向上について検討する。

ⅰ：「組み合わせ」についてであるが，スキー場など需要と供給の時期に大きな隔たりがあるが，スキー場は夏の期間を夏スキーやトレッキング，キャンプ場としての提供などを行っている[8]。これにより物的設備・従業員の有効な活用を行うことができる。

ⅱ：「相互利用」であるが，名古屋近郊で事業を多角的展開している名古屋鉄道では，往復乗車券とホテルのレストランの人気ランチ割引券が一緒になっ

た切符を販売している。これによりホテルと名古屋鉄道の利用者を得ることができる[9]。

第4節　サービス社会の今後

東京商工リサーチのよると2013年の休廃業・解散件数は過去10年で最多の2万8,943件となっている。これは2013年の倒産件数の1万855件の2.6倍であり，倒産は5年連続で下回っているが，休廃業・解散は年々増加していることがいえる。東日本大震災の影響の縮小，中小企業金融円滑化法による倒産の縮小・抑制がされているが，業績難や後継者難などで事業継続を断念する企業が増えている。

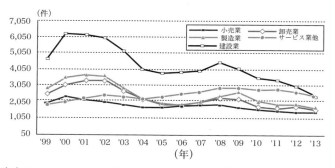

図5-5　主要産業倒産件数推移

出所：東京商工リサーチ　http://www.tsr-net.co.jp/　2014年2月10日参照。

また図5-5から広義のサービス業である第3次産業の小売業，卸売業，サービス業他を見ていきたい。小売業においては2000年において倒産件数は増加しているが，2001年からは2004年まで倒産件数は減少，2005年から2008年には微増する。2013年までは減少していき，小売業倒産件数全体としては右肩下がりであるといえる。次に卸売業の倒産件数は1999年から2002年まで増加しているが2006年まで大きく減少しており，その後の増減においても

2013年までは比較的緩やかであり，全体的に右肩下がりであるといえる。

次にサービス業他の倒産件数について見てみるが，1999年から2009年まで増加していっている。2008年のリーマンショック以降も2011年までほぼ横ばいであり，2012年から倒産件数の減少がみられるようになった。しかし，全体から見れば倒産件数は右肩上がりであるといえる。

小売業，卸売業ともに倒産件数は減少し，1999年と比較して減少しているが，サービス業他の倒産件数は増加傾向である。これはサービス業他は中小企業法による小規模企業者が多く，労務費や資材価格の高騰，価格競争の厳しさが原因である。また休廃業・解散においては上述したように後継者難のためサービス業他の割合が高いものとなっている。

それだけでなく2013年度のコンプライアンス違反による倒産が203件あるが，産業別にみてみるとサービス業他が58件であり，売り上げ不振・経営不振のため税金滞納や介護報酬の不正請求などといったケースがある[10]。このような問題がある場合においては，社会的信用におおきな影響を与え，消費者や取引先からの信頼を喪失することとなってしまう。

これらのことからサービス業の今後においてはこれまでにおいて述べたよう生産性の向上だけでなく事業後継者の育成，コンプライアンスの順守といった課題がある。その対策には中小企業庁による事業継承サポートや日本商工会議所による支援などを活用していくことでサービス社会における今後の展開を決めるものとなるだろう。

注

(1) 尾碕 眞『現代日本の流通近代化と中小企業の情報化』ナカニシヤ出版，2002年，pp.4-5。
(2) 尾碕 眞『現代日本の流通近代化と中小企業の情報化』ナカニシヤ出版，2002年，pp.11-16。および酒井順哉「医療・介護部門への情報技術の適用」『入門都市情報学』，日本評論社，2004年，pp.24-34。日本銀行 http://www.boj.or.jp/index.html/ および東京証券取引所 http://www.tse.or.jp/index.html 2014年1月13日参照。
(3) ①生産技術はNC工作機械や組立用ロボットあるいは無人搬送者などの自動加工

技術,自動組立技術,自動搬送技術から構成される。②生産管理技術は生産管理情報をコンピュータ・ネットワークにより生産技術情報や生産実績情報と結びつけリアルタイムな管理を可能とする。③コンピュータ支援設計技術は設計技術,製造技術,解析技術から構成される。④制御通信技術はネットワーク技術,インターフェース技術から構成される。⑤システム設計技術はプラント・エンジニアリング,工程設計から構成される。詳しくは小田隆博「生産情報システム」,尾碕 眞・三宅章介編『経営の組織と情報システム』ナカニシヤ出版,1999年,pp.130-141を参照。

(4) 尾碕 眞,同上書,pp.23-24。

(5) 内閣府 http://www.cao.go.jp/seisaku/seisaku.html 2014年1月13日参照。

　　1960年における電気洗濯機の普及率は4.6%,電気冷蔵庫10.1%,白黒テレビの普及率は44.7%である。1965年における電気洗濯機の普及率は68.5%,電気冷蔵庫51.4%,白黒テレビの普及率は90.0%となっており,1970年における電気洗濯機の普及率は91.4%,電気冷蔵庫89.1%,白黒テレビの普及率は90.2%である。なお1968年の96.4%をピークに白黒テレビの普及率についてはカラーテレビの普及により低下していく。また3Cであるカラーテレビ,クーラー,乗用車については1966年においてカラーテレビの普及率は0.3%,クーラーの普及率は2.0%,乗用車の普及率は12.1%であり,1970年におけるカラーテレビの普及率は26.3%,クーラーの普及率は5.9%,乗用車の普及率は22.1%である。1975年におけるカラーテレビの普及率は90.3%,クーラーの普及率は17.2%,乗用車の普及率は41.2%である。1980年におけるカラーテレビの普及率は98.2%,クーラーの普及率は39.2%,乗用車の普及率は57.2%である。このことから三種の神器,3Cといわれる耐久消費財の普及していることがわかる。

(6) この改定の基本的視点は情報通信の高度化,経済のサービス化の進展に伴う産業構造の変化に対する適応であり,「学術研究,専門・技術サービス業」や「生活関連サービス業,娯楽業」の新設したことである。サービス業は前回改定後に再分類化されたが,事業経営の高度・専門化や多様化などに伴い,産業規模が拡大していることからサービス業から分離して大分類を新設してある(次ページ表参照)。

(7) 詳しくは南方建明「サービス業のマーケティング戦略」,南方建明・酒井理著『サービス産業の構造とマーケティング』中央経済社,2006年,pp.104-120を参照。

(8) ウイングヒルズ白鳥リゾート http://winghills.net/ 2014年2月23日参照。

(9) 名古屋鉄道 http://www.meitetsu.co.jp/ 2014年2月23日参照。

(10) 東京商工リサーチ http://www.tsr-net.co.jp/ 2014年2月10日「年度 全国企業倒産状況」および4月8日「2013年度「コンプライアンス違反」企業の倒産 脱税,滞納などの「税金関連」が1.4倍増」参照。

日本標準分類 2002年，2007年対照表

日本標準産業分類 2002年改定		日本標準産業分類 2007年改定	
大分類	中分類	大分類	中分類
A 農業	1	A 農業，林業	2
B 林業	1	B 漁業	2
C 漁業	2	C 鉱業，採石業，砂利採取業	1
D 鉱業	1	D 建設業	3
E 建設業	3	E 製造業	24
F 製造業	24	F 電気・ガス・熱供給・水道業	4
G 電気・ガス・熱供給・水道業	4	G 情報通信業	5
H 情報通信業	5	H 運輸業，郵便業	8
I 運輸業	7	I 卸売業，小売業	12
J 卸売・小売業	12	J 金融・保険業	6
K 金融・保険業	7	K 不動産業，物品賃貸業	3
L 不動産業	2	L 学術研究，専門・技術サービス業	4
M 飲食店，宿泊業	3	M 宿泊業，飲食サービス業	3
N 医療，福祉	3	N 生活関連サービス業，娯楽業	3
O 教育，学習支援業	2	O 教育，学習支援業	2
P 複合サービス事業	2	P 医療，福祉	3
Q サービス業（ほかに分類されないもの）	15	Q 複合サービス事業	2
R 公務（ほかに分類されないもの）	2	R サービス業（ほかに分類されないもの）	9
S 分類不能の産業	1	S 公務（ほかに分類されないもの）	2
		T 分類不能の産業	1

出所：http://www.star.go.jp/ 総務省統計局 2014年1月5日参照。

東京商工リサーチの企業データベースから休廃業，解散が判明した企業を抽出した。「休廃業」は資産が負債を上回る「資産超過」状態での事業停止で，倒産には集計されない。また，「解散」は事業継続を断念するてんでは倒産と同じだが，資産に余力を残す状態で清算手続きをとるケースもあり，「解散」を決議した段階では倒産に集計されない。

2013年において休廃業・解散件数の産業別構成比においては農・林・漁業は1.3％，建設業で29.5％，製造業は9.9％，卸売業では9.4％，小売業では13.8％，金融・保険業は1.6％，不動産業は7.8％，運輸業では1.9％，情報通信業は2.3％，サービス業他では22.4％となっている。

サービス業他が58件で，建設業39件，製造業27件，卸売業27件，運輸業18件，小売業11件，不動産業9件，情報通信業7件，金融・保険業6件，農・林・漁・鉱業1件だった。全体の構成比率から見るとサービス業他の割合は28.5％になる。

第6章　サービスの概要と分類

第1節　サービスの意義

　サービスとは,「個人や組織を対象とする価値生産的な活動」ととらえることができると近藤は指摘している。ここでいう価値生産的活動とは,サービス活動が個人や組織に何らかの結果をもたらすことをいう[1]。たとえば,理髪店に行って,好みのヘアスタイルにする。タクシーに乗って目的地に到着する。これらはいずれもサービスの価値生産的な活動によってもたらされた結果といえる。

　このようにサービスは活動,働きであり,こうした「活動そのもの」を,対価を支払って手に入れることを「サービスを購入する」という。ここで「活動そのもの」という点に注意する必要がある。結果だけをみれば,サービスではなくモノを購入することでも同等かそれに近い効用を得られることがある[2]。たとえば,汚れた衣類を洗濯してきれいにする場合,家庭内で洗濯機を使ってきれいにすることもできるし,外部のコインランドリーサービスを利用することもできる。家庭内で洗濯機を利用することは,モノの購入によってもたらされるが,コインランドリーサービスは,衣服をきれいにするという活動そのものであるサービスを購入していることになる。

　また,近藤は,「購入する」という点にも着目し,「経済的財として経営活動の対象にするには,サービスは市場で取引される活動でなくてはならない」とし,「個人や組織に何らかの便益（ベネフィット）をもたらす活動そのものが,市場取引の対象となるときにサービス（商品）と呼ぶことができる」[3]としている。

　本書で取り扱うサービスは,市場で取引される活動である。一般にいう「今回は,サービスしておきます」とか「本日のサービス品」といった表現にみら

れる無料や無償，値引きといった意味でのサービスは，本章が主に取り扱うサービスではない。

多くの製品は，有形財であるモノと無形財であるサービスとの組み合わせから構成され，単純にモノとサービスを分けることは困難である。われわれの身の回りの製品を見渡してもほとんどのモノは，サービスのサポートをともない，ほとんどのサービスは，モノを必要とする。たとえば，有形財（モノ）である家庭用電化製品は，アフター・サービスやクレジットといった金融サービスと組み合わせて販売される。また，航空サービスは，飛行機本体や機内食といったモノなしでは成立しない。

製品によって，モノが中核（core：コア）製品となる場合もあれば，サービスが中核製品となる場合もある。先の例でいえば，家電は有形財・モノが中核製品となるものであり，航空サービスは，目的地に飛行機で安全に速やかに移動するというサービスが中核製品である。モノを中核製品とし全体に占める有形要素の割合が多い製品を有形財・モノと称し，無形財であるサービスが中核製品となり無形要素が多い製品をサービスとよぶ。

アメリカ・マーケティング協会（AMA）の定義委員会は，サービスとは，「販売のために提供される，もしくは財の販売に関連して提供される諸活動，便益，ないしは満足」と定義している[4]。この定義によれば，航空サービスなどの移動サービス，旅行や理美容といった製品の中核となるサービスと，店員よる販売支援，アフター・サービスといった補完（sub：サブ）サービスも同じくサービスと称している。無形財が製品の中核製品となる前者のサービスを「本体型サービス」といい，後者のモノないしは本体型サービスと結びついて展開されるサービスで，商品販売のbefore, on, afterとして実施され，ジョイントすることによって商品単独の販売よりも高い付加価値を実現し，ときにはシナジー効果すら発揮するサービスを「付加価値型サービス」[5]ということがある。

本章で主に取り扱うサービスは，販売の中核にサービスが位置している本体型のサービスである。そうしたサービス財（商品・プロダクト）を販売対象としている業種をサービス業ととらえる。

第2節　サービスの基本特性

　従来の伝統的なモノを中心とした物財のマーケティングもサービスのマーケティングも基本的には同じであるという考え方もあるが，サービスにはモノにはない以下に示すいくつかの特性があり，モノのマーケティングでは，あまり問題とされなかったサービス特有の問題が生ずる。それゆえ，サービス・マーケティングが必要とされるのである。モノとサービスの性質の違いに基づくサービスの一般的な基本特性としては，以下のものがあげられる[6]。

　①　無形性（Intangibility）

　サービスは，本質的には形のないもので，その購入に先立ち，事前に見たり，聞いたり，触れたりといったことができない無形性を有する。このことは，人間の五感によってその品質を事前に評価することができないことを意味する。実際に，サービスの提供を受けてみなければ，そのサービスの内容や効果の判定が困難となる場合も多い。たとえば，理美容サービスでは，実際に髪を切るといったサービスの提供を受けてみなければそのサービスの内容や品質を評価することは困難である。また，サービスは，それゆえ，事前に展示，伝達することも難しくそのプロモーションを困難にする。

　②　生産と消費の同時性（Inseparability：不可分性）

　サービスでは，生産と消費が同時に行われる。サービスが提供されるその場所に消費者（または消費者の所有物）がいなければ（なければ）消費が成立しないわけで，生産即消費となる。生産と消費が時間的，空間的に分離されず同時に存在し，サービスのチャネルはダイレクトなものになる。また，集中化した大量生産も困難となる傾向が高い。

　③　異質性（Heterogeneity：不均質性，品質変動性）

　サービスは，それを提供する人，時間，場所，状況，顧客との相互作用などによって影響を受けやすく，その品質がバラつきやすく変動性が高いのが特徴である。たとえば，テーマパークが提供するレジャー・サービスの場合，天候

や時期，混み具合によって利用できるアトラクションに違いが出ることもある。サービスの消費にあたってはこうした品質の変動性によって不確実性が高まる。

④ 消滅性（Perishability）

サービスはある一定の時間（空間）に存在し，その提供がすめば消滅してしまう一過性の強い商品である。またモノのように何度も繰り返しそれを使用したり，提供されたサービスが不良で期待していたものと違っていてもそのサービスを返品，交換したり買い戻させることが困難である。理美容サービスの提供を受け，そのヘアスタイルが不良で気にいらなかったとしても，カットした髪をもとに戻すことはできない（不可逆性）。また，サービスは売れるまでストックしておくことも困難である（非貯蔵性）。

第3節　サービスとモノの相違点とその影響

ラブロック（C. H. Lovelock）らは，サービスとモノの8つの相違点とその影響を指摘し，その影響とマーケティング課題についてまとめている[7]。

以下これに基づきサービスとモノの相違点とその影響について検討してみたい。

① サービスには在庫がない

先にも述べたように，サービスは活動であり，生産と消費が同時に起こる。つまり，その供給者から分離することも，需要に先立って生産しておくこともできない。そのことは，サービスはモノのように在庫として保管することができないことを意味している（非貯蔵性）。たとえば，今日，ホテルで空室が生じていても，それを明日に回すことはできない。

サービスの需要量は，季節的，時間的にかなり変動することがある。旅行やレジャー・サービスの場合，土曜日，日曜日，祝日といた休日に需要が偏り，スキーやスノーボード場は，冬期に利用が集中し，夏季にはどうしてもその利用が少なくなる。モノの場合は在庫というバッファ機能によって需要の季節的，時間的偏在性を調整することもできるが，サービスは在庫，貯蔵できないので計画的な生産調整が難しく，需給のバランスをとるためには，モノ以上に柔軟

な需要管理や供給管理がポイントとなる。

　売り手にとっては，需要を見極めた上で，価格設定をきめ細かく行うことが重要である。また，価格設定のほかにも，需要を均一にするような商品政策やプロモーション政策も必要である。在庫ができないということは，供給サイドにおける雇用やオペレーション面での工夫も必要になる[8]。

　マーケティング上の課題としては，プロモーション，柔軟な価格戦略，予算によってサービスの需要を標準化し，サービス提供機能とのバランスを図る方法を探ることが重要となる。具体的には，オペレーション部門と協力したサービス提供能力の調整等が課題として指摘されている[9]。

　② 無形要素が サービス価値を生み出す

　その基本特性においても指摘したように，サービスは無形性ゆえにその品質や内容を事前に確認し適切に評価することや競合するサービスとの比較を難しくする。すなわち，サービスの事前評価を困難にする。その購入にあたって，手がかり（Cue）をいかに適切に提供することができるかが重要となる。ラブロックらは，有形の要素を利用したサービスの視覚化をあげる[10]。これは，サービスの購入・利用の際の手がかりとなるものである。また，サービスの購入にあたって不確実性やそれに関する不安を解消するためにも，適切な比喩や明確なイメージによる広告やブランディングをマーケティング課題として列挙している[11]。

　③　可視化が難しい

　次に可視化の難しさを取り上げている。顧客がサービスを購入する前にその内容をイメージし，どのようなサービスが提供されるのかを正しく把握できない。サービスの購入にはリスクが伴う可能性があると指摘している[12]。これらのリスクは，知覚リスクと呼ばれるものである。この知覚リスクを低減することが重要な課題となる。

　知覚リスクの低減にあたっては，正しい選択のための顧客への説明，サービスの提供中や提供後に想定される事柄についての情報提供，サービス内容やパフォーマンスについて顧客や利用者が納得するよう解説することが求められ

る⁽¹³⁾。医療サービスにおいて，治療を開始する前にこれから始める治療方針，治療にかかる期間や費用，治療による副作用等についてわかりやすく解説をし，患者から治療の同意を得るインフォームドコンセントはその例といえる。

また，サービスを購入することによって得られる成果について事前に保証することも顧客の不安をやわらげる有効な手段となる場合がある。

過去の実績や経歴，専門知識を明示することによってもこうした成果が期待できる。進学塾が，塾生の合格校の一覧や模試などの成果を外部に対して示したりすることも身近な例としてよく見かけるかもしれない。これらは，先に述べたサービス・キューの提示でもある。

④　顧客が共同生産者となる

希望するヘアスタイルにしたいのであれば，その美容師，理髪師に自身の希望を的確に伝え適切なコミュニケーションを行うことが重要となる。そのサービスの生産現場でのコミュニケーションの良し悪しがサービスの品質，結果に影響を与える。また，銀行のATMサービス，ネットバンキングなどでは，銀行の出納窓口サービスが行っている預金や払い戻し，振り込みといったサービスと同等なサービスをATM等の機械を使って顧客が行っている。顧客がサービスの生産プロセスに参加しかかわっているといえる。サービス生産現場では顧客は何らかの形でその生産プロセスに参加することも多く，いわば共同生産者となることも多い。

サービスの授受は，売り手，買い手両者の協働（相互作用）によって実現される。

このことによって顧客がサービス提供側の設備，施設，システムにかかわり，時には顧客の能力不足により生産性，サービス経験，ベネフィットに悪影響が生じることもある。このことから生ずるマーケティング課題としては，顧客が使いやすい機器，施設，システムの開発をする必要性があげられる。また，習熟機会とカスタマー・サポートの提供が鍵となる⁽¹⁴⁾。

⑤　顧客がサービス経験を左右する

サービスでは，サービスの提供者，顧客，他の顧客がそのサービス・プロセ

スにかかわり，相互に作用，影響し合っている。そのことは，サービス品質が顧客によって変動を受けることを意味する[15]。サービス・スタッフおよび他の顧客の外見，態度，行動がサービス経験や顧客満足度を左右する。飲食サービスの場合，それを提供するスタッフだけでなく，その店を利用する他の顧客の態度，行動がその店の雰囲気や食事をする空間に反映し，利用する顧客の満足度にも影響することがある。

マーケティング課題としては，サービス・コンセプト強化につながる従業員の採用，研修，評価の必要性や時間にあわせたターゲット顧客の設定と顧客行動のマネジメントへの対応が導出されている[16]。

⑥ インプットとアウトプットの変動が大きい

サービス・プロセスにおいて投入されるインプットは様々な要素が含まれ，それによるアウトプットも多様であり変動が大きい。

サービスは，時間，場所，人，提供方法等によって大きく変動することがある。その結果，アウトプットが影響を受け変動しやすい。

それによって，一貫性・信頼性・品質の維持，生産性向上によるコスト削減が難しいと指摘される。

通常，サービス提供にはサービス・スタッフによる差があり，同じスタッフでも顧客によって変わり，さらに同じ1日でも時間により変化する。サービス態度，スピード，サービス・パフォーマンスには大きな変動があり得るので，サービス・ミスをなくすことは難しく，不可能な場合もある。そのため，サービス組織が生産性改善や品質管理を行いながら信頼されるサービスを提供することは容易ではない[17]。モノは工場での生産，品質を管理し均一化を図ることを可能にするが，サービスの場合，品質の標準化，均一化が難しい。そこから導出されるマーケティング課題としては，顧客の期待に基づくサービス品質基準の設定，サービス要素の再構築による簡素化と失敗回避，的確なサービス・リカバリー手順の策定，サービス提供の自動化，顧客不在の場所での作業があげられている[18]。サービスの品質管理の問題は，サービスの在り方を左右する大きな根幹的な課題である。

⑦　時間が重要な要素である

サービスは，生産と消費の同時性ゆえ，顧客はその消費にあたっては，その場にいなければならないことが多い。そのために長時間待たされるといった待

表 6-1　サービスと物の 8 つの相違点とその影響

相違点	影響	マーケティング課題
サービスには在庫がない	・顧客がサービス提供を断られたり，待たされたりすることがある	・プロモーション，柔軟な価格戦略，予約による需要の標準化 ・オペレーション部門と協力したサービス提供能力の調整
無形要素がサービス価値を生み出す	・サービスには味や匂いや触感がなく，見たり聞いたりすることもできない ・サービスの評価や競合サービス同士の比較が難しい	・有形の要素を利用したサービスの視覚化 ・比喩や明確なイメージによる広告やブランディング
可視化が難しい	・顧客のリスクや不確実性が高まる	・正しい選択のための顧客への説明，サービス内容やパフォーマンスの解説，保証の提示
顧客が共同生産者となる	・顧客がサービス提供側の設備，施設，システムに関わる ・顧客の能力不足により生産性，サービス経験，ベネフィットに悪影響が生じる	・顧客が使いやすい機器，施設，システムの開発 ・習熟機会とカスタマー・サポートの提供
顧客がサービス経験を左右する	・サービス・スタッフおよび他の顧客の外見，態度，行動がサービス経験や顧客満足度を左右する	・サービス・コンセプト強化につながる従業員の採用，研修，評価 ・時間にあわせたターゲット顧客の設定と顧客行動のマネジメント
インプットとアウトプットの変動が大きい	・一貫性・信頼性・品質の維持，生産性向上によるコスト削減が難しい ・サービス・ミスをなくすことが難しい	・顧客の期待に基づくサービス品質基準の設定，サービス要素の再構築による簡素化と失敗回避 ・的確なサービス・リカバリー手順の策定 ・サービス提供の自動化，顧客不在の場所での作業
時間が重要な要素である	・顧客が時間を有効活用し，無駄な待ち時間を嫌って時間効率の良いサービスを求める	・サービスの迅速化，待つことによる負担の軽減，営業時間の拡大
オンライン・チャネルが存在する	・情報サービスはインターネットや電話などのオンライン・チャネルで提供できるが，物理的な活動や商品などが関わるコア・サービスは提供できない	・顧客の利用しやすい安全なウェブ・サイトの設計，フリーダイヤルの設置 ・情報サービスはウェブ・サイトから提供できるようにする

出所：C.H. ラブロック，J.K. ウィルツ，白井義男監修，武田玲子訳『ラブロック＆ウィルツのサービス・マーケティング』ピアソン・エデュケーション，2008 年，p.18。

ち時間の問題についての対応は顧客の満足度に大きく影響する。したがって顧客が時間を有効活用し，無駄な待ち時間を嫌って時間効率の良いサービスを求めることを第一義的に考え行動することが必要となる。マーケティング上の課題としては，サービスの迅速化，待つことによる負担の軽減，営業時間の拡大への対応[19]をどうするかが問われる。

⑧ オンライン・チャネルが存在する

情報サービスは，インターネットや電話などのオンライン・チャネルで提供できるが，物理的な活動や商品などが関わるコア・サービスは提供できない。マーケティング課題としては，顧客の利用しやすい安全なウェブ・サイトの設計，フリーダイヤルの設置が有効となる。情報サービスはウェブ・サイトから提供できるようにする[20]ことが求められる。

本節では，サービス・マーケティング上の諸課題を確認するにとどめ，その課題を踏まえたサービス・マーケティングの展開については，次章において解説される。

第4節　サービスの分類

サービスについての解釈は，一元論か二元論によって解釈が大きく異なっていく。

一元論とは，商品を補助する補填サービスを含めたものである。一元論においてサービスはあらゆる商品に存在し，そのサービスの割合が違うだけであるとされる[21]。

有形性がもっとも優位である塩でも完全な有形性のみとはなっていない。これは有形性の優位が顕著である塩においても在庫管理，品質管理，販売促進活動，クレーム対応などの商品そのものには直接的に関わっていないが，それらを補助する補填的サービスが存在するからである。そして有形性が優位な塩とは違い，無形性がもっとも優位であるティーチング（教育）においても完全な無形性とはなっていない。ティーチングといった商品においても有形性が低く

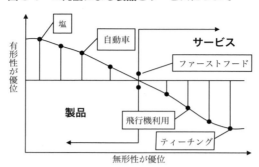

図6-1 二元論による製品とサービスについて

出所：G. Lynn Shostack, "Breaking Free From Product Marketing", *Journal of Marketing*, American Marketing Association から引用加筆。

はあるが，指導する直接的サービスの際に教材，施設といった補填物的要素が必要であり，存在するからである。

そして経済学において伝統的な考えである二元論においては，一元論と異なり製品とサービスの二つに分け考える。下図では中間であるファーストフードを境として有形性が優位である塩，自動車がある領域を製品とし，無形性が優位であるティーチング，飛行機利用のある領域をサービスとしている[22]。

ところでその二元論であるが，サービスにおいてもいくつかの分類が行われている。まずサービスの分類について次の3つの分類基準に基づき述べていきたい。

それらは①サービスの中心が「設備」か「人」のどちらをベースにしているか，②サービスへの顧客の関与する割合がどれほどか，③サービスの「受け手」と「サービス本質」がなんであるのか，といった分類基準である。以下①から③を述べる。

①はサービスの中心が「設備」か「人」のどちらをベースにしているのかである[23]。「設備」をベースにしている場合，A：「自動化」自動洗車機などの自動化された設備によるサービスの提供，B：「非熟練オペレータによる操作」映画館など比較的熟練ではないオペレータによるサービスの提供，C：「熟練

図 6-2 提供者の特徴によるサービスの分類

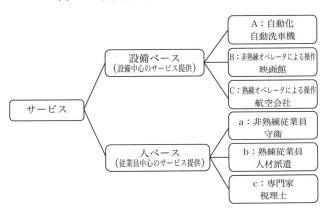

出所：Thomas, Dan R. E., "Strategy is Service Business", *Harvard Business Review*, vol.56, No.4, p.161 から引用加筆。

オペレータによる操作」航空会社などの熟練したオペレータによるサービスの提供といった3つに分けられる。これらの3つに分けられたサービスにおいては設備が欠かすことができない。

次に「人」をベースにしている場合であるが、a：「非熟練従業員」守衛などの熟練していない従業員によるサービスの提供、b：「熟練従業員」人材派遣などの熟練した従業員によるサービスの提供、c：「専門家」税理士などの専門家によるサービスの提供といった3つに分けられる。

二つ目に②はサービスへの顧客の関与する割合がどれほどかである。サービスの提供をする際に顧客は積極的あるいは消極的に関与し、協力をしている。先ほどの①の分類における「設備」ベースのA：自動洗車機をなどの自動化された設備によるサービスにおいては従業員と顧客の関与は低いことがいえる。しかし、「人」ベースのc：税理士などの専門家によるサービスの提供においては顧客の関与する割合が高いことがいえる。

三つ目に③はサービスの「受け手」と「サービス行為の本質」がなんであるのかである。これによってラブロックはサービスを4つに分類している[24]。

表6-2　受け手と行為の本質によるサービスの分類

<table>
<tr><th colspan="2" rowspan="2"></th><th colspan="2">誰あるいは何がサービスの直接的受け入れをするのか</th></tr>
<tr><th>人</th><th>所有物</th></tr>
<tr><td rowspan="2">何がサービス行為の本質か</td><td>有形行為</td><td>人の身体を対象とするサービス

乗客輸送
健康医療・身体治療
宿泊・レストラン・バー
美容サロン・理髪店
フィットネスクラブ</td><td>財や有形資産を対象とするサービス

貨物輸送
修理と点検
倉庫業・保管
清掃サービス
ガソリンスタンド</td></tr>
<tr><td>無形行為</td><td>人の心を対象とするサービス

広告・PR業
芸術と娯楽放送
教育
宗教
情報サービス
経営コンサルティング
精神療法</td><td>無形資産を対象とするサービス

会計サービス
銀行業
証券投資
法律サービス
データ通信・データ処理
プログラミング
ソフトウェアコンサルティング</td></tr>
</table>

出所：Christopher H. Lovelock, and Jochen K. Wirtz, *Services Marketing People, Technology, Strategy,* 6th.ed., Pearson Prentice-Hall Inc,2007,p.18. (Figure 1.6)．から引用加筆。

サービス自体が「誰あるいは何がサービスの直接的受け入れをするのか」,「何がサービス行為の本質か」が重要となる。

人の身体を対象とするサービスは，輸送機にて顧客を運ぶ乗客輸送，病気治療や健康を維持するための健康医療・身体治療，顧客を泊める宿泊，美容やマッサージを行う美容サロン，運動を行うための施設の貸し出し・活動のサポートなどを行うフィットネスクラブ，飲食物を提供するレストラン・バー，ヘアカットなどをする理髪店，亡くなった方の通夜・告別式といった葬儀を行う葬式サービスなどがある。

人の心を対象とするサービスは消費者（潜在的顧客）に購入したいと思わせる広告・PR業，顧客の感性に刺激を与える芸術と娯楽放送，顧客が経営する

「会社」の方向性，実行状態の相談役である経営コンサルティング，知識などを提供する教育，顧客だけでは収拾できない情報を代わりに提供する情報サービス，「芸術と娯楽放送」と同じように顧客の感性を刺激する音楽コンサート，顧客である患者の精神的な問題を解決する精神治療，信者の精神安定あるいは支えとなる宗教，遠方と連絡する手段としての電話サービスなどがある。

　財や有形資産を対象とするサービスは「乗客輸送」と異なり物品を大量輸送する貨物運送，所有している物品の破損・故障を確認する点検，その点検で発見した箇所の修復を行う修理，物品を保護するための倉庫業・保管，汚れを無くすための清掃サービス，購入した顧客へ商品を届ける小売配達業，顧客の衣類を洗濯するクリーニング，自動車などの燃料を提供するガソリンスタンド，顧客に代わり庭の植物などの手入れを行う造園業，ごみや不用品の処理をする産廃処理・リサイクルである。

　無形資産を対象とするサービスは，企業などの金銭を管理する，会計サービス，企業に対しての監査を行うとともに出資をするかどうかを検討する銀行業，情報通信を行うための様々な活動を行うデータ通信，企業が収集した情報を分析し，まとめるデータ処理，法律に関して疎い依頼者に代わり法務関係を処理する法律サービス，システムに関して疎い依頼者に代わって作り出すプログラミング，顧客が行うことのできない相手の情報を調べてもらう調査，投資を行う際の煩雑な手続き等を行う証券投資，使用しているソフトに問題があるかどうか，どうすればよいかなどを検討し，方向性を指摘するソフトウェアコンサルティングなどである。

注
(1) 近藤隆雄『サービス・マーケティング［第2版］』生産性出版，2010年，pp.50-52。
(2) 同上書，p.51。
(3) 同上書，pp.51-52。
(4) Committee on Definitions, *Marketing Definitions : A Glossary of Marketing Teams,* American Marketing Association, 1963 (reprint), p.21.
(5) 三上富三郎『現代商品知識』同友館，1990年，p.81を一部加筆し引用。

(6) モノとサービスの特性の違いに基づいて、マーケティングの展開を考える枠組みは、無形性（Intangibility），生産と消費の同時性（Inseparability），異質性（Heterogeneity），消滅性（Perishability）の4つの頭文字をとってIHIPと呼ばれることがある。これら4つの特性は，サービスの基本特性として多くの論文に共通してあげられている。
(7) C. H. ラブロック，J. K. ウィルツ，白井義男監修，武田玲子訳『ラブロック＆ウィルツのサービス・マーケティング』ピアソン・エデュケーション，2008年，pp.17-24。本章第3節は，この邦訳書pp.17-24に依拠し，記述している。
(8) 余田拓郎「サービス・マーケティング」嶋口充輝・和田充夫・池尾恭一・余田拓郎『マーケティング戦略』有斐閣，2004年，pp.174-175。
(9) C. H. ラブロック，J. K. ウィルツ，白井義男監修，武田玲子訳，前掲書，p.18。
(10) 同上書，p.18。
(11) 同上書，p.18。
(12) 同上書，p. 20。
(13) 同上書，p.20。
(14) 同上書，p.18。
(15) 嶋口充輝・和田充夫・池尾恭一・余田拓郎，前掲書，p.176。
(16) C. H. ラブロック，J. K. ウィルツ，白井義男監修，武田玲子訳，前掲書，p.18。
(17) 同上書，p. 23。
(18) 同上書，p.18。
(19) 同上書，p.18。
(20) 同上書，p.18。
(21) Michael J. Etzel, Bruce J. Walker, and William J. Stanton, *Marketing*, 14th ed., McGraw-Hill, Inc., 2007, p.207. および Philip Kotler, Gary Armstrong, *Principles of Marketing*, Prentice-Hall, Inc., 1994, pp. 218-219.
(22) Michael J. Etzel, Bruce J. Walker, and William J. Stanton, *ibid.*, p.287. および Philip Kotler, and Gary Armstrong, *ibid.*, p.219.
(23) Thomas, Dan R. E., "Strategy is Service Business", *Harvard Business Review*, vol.56, No.4, p.161.
(24) Christopher H. Lovelock, and Jochen K. Wirtz, *Services Marketing People, Technology, Strategy*, 6th.ed., Pearson Prentice-Hall Inc., 2007, p.18.

参考文献
和田充夫・恩蔵直人・三浦俊彦『マーケティング戦略［第4版］』有斐閣，2012年。

第7章 サービス・マーケティング

 前章で確認したように，多くの製品は有形財であるモノと無形財であるサービスとの組み合わせから構成され，単純にモノとサービスを分けることは困難である。われわれの身近な製品を見渡しても，ほとんどのモノはサービスが付随しているし，ほとんどのサービスはモノのサポートを必要としている。
 このように製品は有形部分と無形部分から成り立っている。製品全体のなかで無形部分の割合の多い製品をサービス財，サービス・プロダクトという。本章では，サービス財に焦点をあて，有形財すなわちモノのマーケティングとの違いに着目し検討していきたい。
 本章でいうサービス・マーケティングとは，サービスが販売の中核に位置しているサービス業のマーケティングのことをいう。サービスとは，モノの機能をフローとして市場で取引する営みのことを意味し，サービス業は，モノ自体でなく，モノのもつ「機能」を売買の対象としている[1]。

第1節 サービス・マーケティングの枠組み

 サービス・マーケティングは，前章において示されたサービスのもつ特性を踏まえ，有形財（モノ）のマーケティングに加えて，さらに別の観点からのマーケティングにも着目する必要がある。
 サービス・マーケティングでは，エクスターナル・マーケティング，インターナル・マーケティング，インタラクティブ・マーケティングの3つのマーケティングが重視される。
①エクスターナル・マーケティング（External Marketing）とは，外部マーケティングともよばれ，企業と顧客との間で行われるマーケティングである。具

体的には，サービスの商品開発を含む製品政策，適切なサービスの価格設定等を検討する価格政策，どういった立地や施設において，あるいは，どのような方法，経路でサービスを提供するかといったチャネル政策，サービスの広告や販売促進活動をどのように展開していくかという活動を含むプロモーション政策，従来から企業が展開しているいわゆる4Pを中心とする伝統的マーケティング活動がこれに該当する。

②インターナル・マーケティング（Internal Marketing：内部マーケティング）は，企業と従業員（接客員）に代表されるコンタクト・パーソネル（CP：Contact Personnel）との関係に注目し，その間において展開されるマーケティングである。CPは，サービスを購入，利用する顧客と直に接するものをいい，理美容サービスの場合は，ヘアカットなどの理美容サービスを提供する美容師や理髪師が，医療サービスの場合は，患者を直接診断，治療する医師や看護師などが，これにあたる。CPを訓練し適切な動機付けを行うとともに従業員満足（Employee Satisfaction：ES）を向上させ，顧客に対して彼らの最高のパフォーマンスが発揮できるようにその能力を引き出すものである。顧客と直に接するCPは，そのサービス全体の質を左右する重要な役割を果たす。

③インタラクティブ・マーケティング（Interactive Marketing）は，顧客とCP間で行われるマーケティングである。サービスの品質やその顧客満足は，売り手と買い手（利用者）つまりその企業の従業員（接客員）に代表されるCPと顧客との相互作用によって左右される。希望のヘアスタイルにするためには，そのサービス提供者である美容師に好みの髪型を的確に伝え，相互のコミュニケーション，共同作業によってそれを仕上げていく必要がある。適切な医療サービスを受けるためには，医師や看護師といった医療従事者に正確にその病状を伝え，コミュニケーションをすることから始まる。このように優れたサービスの提供には，サービスの生産，提供過程への顧客参加とそこでの良好な相互コミュニケーションが欠かせない[2]。この顧客とCPとの接点，相互作用・コミュニケーションの場(サービス・エンカウンターと呼ばれる)に注目するのがインタラクティブ・マーケティングである。

これら3つのマーケティングがうまく機能してはじめて優れたサービスが展開される。

図7-1　サービス・マーケティングの3つの枠組み

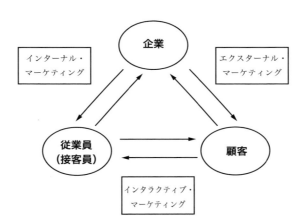

出所：フィリップ・コトラー，ゲーリー・アームストロング，恩蔵直人監修，月谷真紀訳『コトラーのマーケティング入門』ピアソン・エデュケーション，1999年，p.303をもとに筆者作成。

第2節　サービス品質について

サービスの品質を検討するにあたって，その製品属性に着目してみたい。

製品属性（product attributes）は，探索属性（search attributes），経験属性（experience attributes），信頼属性（credence attributes）の3属性に分類される。

探索属性とは，デザイン，カラーなど顧客が商品購入前にその品質を探索してその良し悪しを確かめ評価できる特性である。一般にモノの多くはこの属性をもとにその品質が評価される。自動車，衣類，家具など実際に手で触ったり，試しに利用してみたりと人間の五感によってその品質を評価することができる。

経験属性とは，購入時，または購入後，実際に商品を利用，経験して判断で

図 7-2 製品属性と品質特性

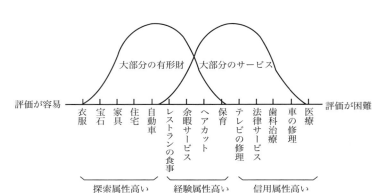

出所：V. A. Zeithaml,"How Consumer Evaluation Processes Differ between Goods and Services", in J. H. Donnelly and W. R. George (eds.), *Marketing of Services*, American Marketing Association, 1981, p.186.

きる特性である。サービスの多くは，この経験属性が高いとされる。ホテル，レストラン，旅行など実際にサービスを利用する前にはその品質を把握することが難しく，経験することによって初めてその内容を評価できるものも多い。

信頼属性は，サービスの消費後しばらくしてその品質を評価できるか，消費後であってもその品質を評価できる十分な知識を持ち合わせておらず，評価が困難であるものをいう。医療や法律相談などといったサービスは，専門知識があって初めてそのサービスの品質を評価できる。一般の消費者は，そうした提供者のサービスの良し悪しを判断するに足る十分な専門性を有していることは少なく，サービスの利用・購入時点では提供者を信頼し，利用，購入を決めることも多い。病院での手術など施術後であってもその内容を評価することが困難なケースもある。

モノは，探索属性と経験属性に関連し，サービスは，経験属性と信頼属性に関連することが多い。この属性は，サービスの消費に関して，その事前評価を困難にする。

サービスの品質は，サービスが提供されるまでの一連のプロセス設計と，そ

の設計に従い，いかに実行するかが大きな要素となる。

　サービスの設計に関しては，ショスタックが提唱するサービス・ブループリント（service blueprint）という手法がある[3]。サービス・ブループリントとは，サービスの青写真，設計図のことで，一連のあるべきサービス提供プロセスを一つ一つの活動に分け，全体の中でそのつながりをわかりやすく図式的に描いたものである。顧客から見えて，彼らが実際に体験するサービスのフロント・ステージと，顧客からは見えないが，従業員が担うバックス・テージに分け示している。サービスの提供者である従業員らと顧客がどのように関わり，バック・ステージの活動，機器，システムがどのよう補佐しているかなどをサービス提供プロセス全体の流れのなかで明らかにする。これによって，どのようなサービスを提供する必要があるか，そのためにどのような提供プロセスを構築するべきかを把握することが可能となる。

図 7-3　サービス・ブループリントの例：近所のパブを訪れる

イベント	1. パブに入り席を選ぶ	2. ビールのメニューを探し眺める	3. 生ビールまたは瓶ビールを選ぶ	4. ブランドを選ぶ	5. 注文する	6. ビールを受け取る	7. ビールを飲む	8. 請求	9. 支払い
						←おかわり？---			
受け入れ可能な実行時間：	30秒	1分	5秒	5秒	5秒	至急	急がず	30秒	1分
失敗点：	あり	あり	あり	あり	あり	あり	あり	あり	なし
参加者：	顧客	顧客	顧客	顧客	顧客とバーテンダー	顧客とバーテンダー	顧客	顧客とバーテンダー	顧客とバーテンダー

物的環境：テーブル，イス，グラス，メニュー，店内装飾など
顧客からの可視性のライン：　　　　　　　　フロントステージ
―――――――――――――――――――――――――――――――
　　　　　　　　　　　　　　　　　　　　　バックステージ
物的環境：貯蔵場所，冷蔵庫，ビア樽，厨房設備，ゴミ箱
重要な活動：資材の選択，貯蔵，再購買，従業員のやりくりなど

出所：R. P. フィスク他，小川孔輔・戸谷圭子監訳『サービス・マーケティング入門』法政大学出版局，2005年，p.87。

サービス・プロフィット・チェーン

ヘスケットらが示したサービス・プロフィット・チェーンという考え[4]は,企業内のサービスの質（職場環境の条件）を高めることが従業員満足を高め,それが従業員のロイヤルティを高め,顧客サービスの質を向上させる。そして,そのことによって顧客満足度を上げ,顧客のロイヤルティをより高め,企業収益の増加をもたらすという一連の関係を示したものである。この収益の増加は,さらに社内サービスの質を向上させる投資に向かう。こうしたプラスの連鎖の重要性を示している。多くの成功しているサービス企業は,サービス・プロフィット・チェーンの考えが良好に機能していると考えられる。

図7-4 サービス・プロフィット・チェーンの流れ

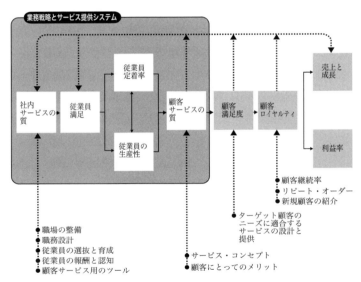

出所：DIAMONDハーバード・ビジネス・レビュー編集部編・訳『いかに「サービス」を収益化するか』ダイヤモンド社, 2005年, p.6。

SERVQAL

サービスの品質を測る手法の1つとしてSERVQALがある。SERVQALとは,

Service Quality を略したもので，サービス購入前の顧客の期待と購入後の実際の経験・結果を比較し，分析するギャップ分析の一つである。「実際のサービスが提供する成果－事前の期待」の関係で捉えることができる。それは，信頼性，反応性，確信性，共感性，物的要素の5つの項目について分析がなされる。

① 信 頼 性：これは約束したサービスについて，任すことができ，正確に実行できる能力に関する評価を示している。その能力への信頼度をさす。具体的には，レストランで注文した品がメニュー表に示された写真サンプルのとおりに出てくるとか，宅配サービスにおいて，事前に指定した配達日時に確実に届くなどといったことが該当する。

② 反 応 性：これは迅速性，対応性とも表されることがある。サービスを実施するうえでの従業員のやる気と迅速性を意味する。顧客の要求に対していかにやる気をもって迅速に対応するかという観点からの評価である。

③ 確 信 性：確実性とも表せられ，従業員のもつ知識や技術，顧客に対する礼儀正しさ，そこから派生する安心感につながる評価項目である。

④ 共 感 性：企業が示す顧客への個人的な配慮や世話に関するもので，顧客の置かれている状況を理解し，文字どおり共感して顧客対応を行うことにかかわる評価である。この共感性は，信頼属性の高いサービスにおいて重視されることが多い項目といえよう。

⑤物的要素：有形性とも表されることがあるが，サービスに関する施設，備品，係員の服装・ユニフォーム，パンフレットなどを含む有形要素に関する評価項目である。この要素はサービスの心象に大きく影響する。

　どの評価項目が重視されるかは，業種・業態によって違い，企業が展開する経営戦略，マーケティング戦略によっても変わる。同種のサービスであっても，企業戦略，それに基づくサービス・コンセプトによって異なってくる。コーヒーチェーンにおいては，ゆったりとした場所，空間でコーヒーや会話を楽しむ

ことを重視するビジネス・モデルであれば，共感性を重視する度合いが高くなるし，多忙な人に限られた時間のなかでコーヒーを飲むひとときの休息を提供するのであるならば，短い時間で効率のよいコーヒーの提供に重きをおき，反応性，迅速性の項目の評価が高くなるであろう。

SERVQAL に関しては，品質ではなく満足を測定しているのではないか，サービスの無形要素を重視しすぎていて評価項目が偏っているのではないかという批判もある。

第3節　サービス・マーケティング・ミックス

サービス・マーケティング・ミックスは，製品 (Product)，価格 (Price)，立地・チャネル (Place)，販売促進 (Promotion)，人 (People)，物的環境要素 (Physical evidence)，提供過程 (Process) の7Pから構成される。前者の4つは，モノ，サービスに共通するもので4Pと称し広く一般的にマーケティングにおいて使用されている。

以下で，サービスのマーケティング・ミックスの主点について検討する。

1．製品 (Product)

サービスの場合，製品はサービス・プロダクトとも表される。サービスの中核であるコア・サービス，コア・サービスの利用を促進，強化しサービスの価値や魅力を高めるサブ・サービス（補完サービス），補助財，副次財等から構成される。

サービス・プロダクトの内容を決定するポイントとして近藤は，以下の項目について決定することが必要であると説いている[5]。

・サービス・コンセプトの設計
・サービス品質の決定
・サービス・パッケージの決定
・プロダクト・ライン，ブランディングの決定

どのようなサービス（商品）を提供するか，その決定において最も重要な要素となるサービス・コンセプト（商品コンセプト）の決定に際しては，企業の主張を込め，ユニークなものにすることが肝要である。

　サービス品質の特徴としては，顧客に提供する前にその品質をあらかじめ用意しておくことが難しい。準備はできても，実際のサービスはその生産と消費の同時性により，その場で生産・消費されるのでモノのよう在庫として作り置くような用意はできない。ゆえに，提供する人材の確保・訓練，提供プロセスの整備等の事前準備が重要になる。サービスのマネジメントでは，優れた品質のサービスを生産するために，どのような準備をするかが中心的なテーマの一つとなる。

　また，どのような水準のサービス品質を提供するかの決定に際しては，高水準のサービス品質の提供にあたっては，高水準のオペレーションが，中低程度のサービス品質には中低程度のオペレーションが求められ，その品質に比例したオペレーションの設計，準備が必要となる。

　コア・サービスとサブ（補完的）・サービスの組み合わせからなるサービス・パッケージとしてどんな種類と範囲のサブ・サービスを含むか，その種類と組合せを決定しなければならない[6]。プロダクト・ラインの決定とは，サービスという商品の品揃えのことであり，提供するサービスのラインを幅広くし総合化するのか，絞り込んで専門性を高めるのかを決定する部分となる。

　また，サービスにおいてブランドを付けてブランド化をはかることは，他社の提供するサービスとの差別化の意味から重要となる。サービスは無形性等の特性により商品の購入にあたって事前にその内容・品質を確かめることが難しい。したがって，顧客から認知され，信頼されるブランドを確立することは，事前の手がかりとしても大きな役割を果たす。

2. 価格（Price）

　サービスの価格の名称は多様である。教育サービスは授業料・レッスン料，ホテルや旅館は宿泊料，テーマパークは入場料，バスや列車などの移動サービスは運賃，スポーツクラブは会費と様々な呼称がある。

これは，サービスが無形性ゆえに顧客が何に関して対価を支払っているのかを明確にする必要性があることが反映しているとみることもできる。

こうしたことからも窺えるように，サービスは無形のパフォーマンスであるので，モノのようにその原価が明確ではなく，その価格設定に関しては不透明さが指摘されることもある。サービスは，多様な価値尺度を内包するため，価値と価格の関係が不明確なものも多く，利用者・提供者の価値観によって左右される部分も大きい。モノの生産のような厳格なコスト把握が容易でないケースもあり，合理的かつ細密な価格設定が困難となることもある。

サービスは，一般的に労働集約的であり，そのコストに占めるサービス・スタッフの人件費等の割合が高く，製造業に比べて固定費の割合が大きいとされている。

ラブロックらによれば，サービスの価格戦略は，サービス提供側のコスト，市場競争，顧客価値の3つの要素から成るという。

サービス提供側が回収しなければならないコストは下限価格となり，顧客の知覚サービス価格は上限価格となる。また，類似あるいは代替サービスの価格は通常その間のゾーンとなる。これらの価格帯の範囲でサービスの価格設定の目的に応じた実際の価格が決まるとしている[7]。

また，サービスの価格決定にあたっては，柔軟な価格戦略を採用することによって，サービスの需給の調整を行い，その需要を標準化，平準化することも肝要となる。

3. 立地・チャネル（Place）

サービスにおいては，その基本特性である生産と消費の同時性（不可分性）により，生産と消費が時間的，空間的に同時に行われるため，生産即消費となり，そのチャネルはダイレクト・チャネル，直接流通となる[8]。いいかえると，サービスの場合，物的流通は存在しない。

ゆえに，その業務の拡大にあたっては，サービスの拠点を増加し，生産と消費の機会を増やす多拠点化戦略が有効となる。近年，銀行のATMサービスや

宅配会社の宅配サービス等にみられるように，コンビニエンス・ストアなどの第三者と協業して端末を設置したり，そのネットワークと結びついたりすることによって多拠点化を図るケースも多くみられる。

また，サービスの提供については，顧客が直接サービスの提供場所に赴く場合とサービスの提供者が顧客の場所まで出向く場合がある。

前者の場合の立地に関しては，通常，駅前などの交通の便のよいところに立地したり，繁華街やショッピングセンターなどの人が多く集まる場所に立地したりすることが多い。

後者は，顧客の所に生産場所を移すことでサービスの価値を高めているものである。タクシーサービス，医者の往診，家庭教師，ベビーシッター，ケータリング・サービスなどがその例としてあげられよう。

4. プロモーション（Promotion）

サービスのプロモーションは，顧客が正しい選択をするためのものであるべきである。サービスの内容を正確に伝えることは，その内容を事前に把握しにくいサービスにおいて，モノ以上にその努力が求められる。時には，求めていたサービスと利用したサービスが大きく違っていた場合にその保証を提示するサービス保証もプロモーションの観点から有効となる。

サービスは，基本的に無形の活動，行為，パフォーマンスであるのでモノと違いその価値を伝えることが困難となる。たとえば，モノのように実物を写真に撮り視覚に訴える形で販売促進することも難しい。また，サービスは，探索属性が低いので事前にその品質を確かめることを困難にする。サービスを購入し経験するまではその品質を知ることができないというこの事前探索の難しさもサービスのプロモーションの効果を限定的なものにする。

こうした難しさがあるなかでも，あるいは，そのような状況ゆえに重視すべきサービスのプロモーションの留意点として以下の点を確認したい。

ひとつは，サービスの可視化に努めることである。サービスの広告においては，なるべく多くの有形要素を盛り込むことがよく行われる。たとえば，航空

サービスは，前の座席との距離などを明示し，その座席の広さなどを強調するものがある。明確なイメージをともなった広告が有効である。

また，優良なイメージを感性に訴え強調することも多い。航空サービス会社のなかには，そのキャビンアテンダントの笑顔，きめ細やかな接客サービスを強調することで航空サービス全体のイメージ形成につなげようとすることがある。

本質的に探索性が低いサービスではあるが，あるいはそれゆえに，事前に無料ないしは低価格で試しとしてサービスを経験させ，その内容を理解してもらい購入を促進しようとするプロモーションも多い。物財の販売にみられる試供品の提供と同じく英会話スクールの無料レッスン，エステ・サービスの初回に限定した無料あるいは割引価格での体験などが，身近な販売促進策の例として確認できる。

有形の手がかりの提示として進学塾は，どの中学，高校，大学にどれだけ入学することができたかその実績を視覚に訴える形で明示している。レストランの店構えなどもそのフードサービスの質をみる有形の手がかりとなる。後に説明するフィジカル・エビデンスの提示は，プロモーションの観点から検討されることも重要である。

さらに今日，ソーシャル・ネットワーキング・サービス等を使った口コミの活用も，非常に重要な手法となっていることは周知のとおりである。

5. 人（People）

サービスは品質を均一に保ちにくく，バラツキが生じやすい。これは，サービスを提供する主体が人の場合に多い。

サービスはその生産過程に顧客が参加することも多く，時に従業員と顧客がコミュニケーションを伴いながら共同作業することではじめて良好なサービスを提供できる財である。ウエディング・サービスでは，主役となる新郎・新婦とウエディングプランナー，スタッフ等のCPとの共同作業がうまくいくことによって彼らが求める結婚式となる。もちろん，事前に良好なコミュニケーションが必要となることは前提である。家庭教師サービスにおいては，教える側

の家庭教師だけ努力してもその求める成果は得られない。教える側である家庭教師と教えられる側の生徒との良好な共同作業が成立してはじめて成績向上につながる。

　このように，人の要素はサービス・マーケティングにおいて非常に大きな役割をしめる。

　サービス・コンセプトを理解し，その強化につながるような従業員のリクルートや研修等が重要視される。

6. 物的環境要素（Physical Evidence：有形化）

　物的環境要素には，建物の外観・内装，設備，機械，器具，従業員・スタッフの服装やユニフォーム，看板，パンフレットなどの印刷物などが該当する。

　これらは，サービスの価値を顧客に伝えるための手段となる。サービスは，無形部分に関しては，手にとってとらえることも，視覚によって確認することもできないので，顧客はサービスの有形部分を手がかりとしてサービスの価値を判断し，イメージを形成することも多い。警備員がユニフォームを汚して，だらしなく着ていたら，顧客はその警備会社の警備サービスの品質を低く評価するだろう。飲食店の店構えや外観は，その店の提供する飲食サービスの内容や質を伝えている。

　サービスは，先述のように経験属性，信頼属性が高く，事前にサービスの品質を評価することが困難な場合があり，購買にはいくつかのリスクが伴うことも多い。したがって，物的環境要素を示すことすなわち有形の手がかりを示すことがその購買決定において重要となる。

　サービス企業は，優れた物的環境要素（有形要素）という手がかりを示すことでこれらのサービスの価値を「見える化」，「視覚化」することが重要な要素となる。

　これら物的環境要素は，顧客に所定のイメージを与える，顧客と従業員間のコミュニケーションを促進する，競合する他のサービス企業と差別化し自社のサービスの価値を強く打ち出す，従業員の所属意識を向上させモチベーション

を高めるなどの役割を果たす。

また，航空や鉄道等の移動サービスやホテルなどの利用に関して，航空券や乗車券，宿泊の予約システムがある。医療サービスにおいては，その診断の待ち時間を短縮すること目的とした受診予約システムがある。サービスではこうしたシステムも物的環境要素と合わせて検討することが必要である。

7. 提供過程（Process）

顧客は，サービスの提供過程を通じて，そのサービスを経験しその良し悪しを判断する。顧客満足を高めるためには，提供過程の管理が重要となる。提供過程はサービスの品質を左右する。サービスでは，結果としての品質だけではなく，そのプロセスにおける品質も問われるものが多い。このために，先にも述べたように，サービスのプロセスを設計し，それをいかに実行するかがポイントとなる。

サービスの提供過程の検討にあたっては，サービスの過程が標準化されたものか，顧客の要求にカスタマイズできるようになったものか，サービスの提供過程に顧客の参加が求められるのはどの程度かなどが検討される。サービスの過程が標準化されたものであるならば，「品質の安定，スピード」が求められるであろうし，顧客の要求にカスタマイズできるということであれば，「顧客の個別の要求にどこまで応えられるか」が課題となる。サービスの提供過程に顧客の参加をどの程度求めるのかについては，具体的にはセルフ・サービスの対応かフル・サービスの対応かあるいはその両者をどう組み合わせるのかなどといったことが考慮される。

また，生産と消費が同時に起きること（生産と消費の同時性，不可分性）から生産と消費をモノのように分離することは難しく，在庫できない。在庫による需給の調整が困難ということは，需要が供給能力を超えた場合，そのサービスを利用できない顧客にとっては不満につながり，企業においては機会の損失となる。また，供給が需要を上回った場合は，サービスを提供する人員，設備・施設が遊休状態となり無駄な人件費，コストを負担することになる。これを避

けるために，その提供過程を需給の変動に柔軟に対応できるものにすることも重要となる。

サービスの提供にあたって，迅速性，待ち時間の短縮，営業時間の拡大などをどうするのかも検討すべき課題となる。

おわりに

サービス業は，その業種の範囲が幅広く多様で，一括りにそのサービス・マーケティングのあり方を示すことは難しい。つまり，ホテルのサービスと自動車の修理サービスとは，同じサービス業といってもその中身には大きな違いがある。

ゆえに，これまで述べてきたサービス・マーケティングの特徴や内容についてもそのサービス業ごとに適合する度合いに差があることに注意する必要がある。

サービス業のマーケティングとして一括りにあつかうことで焦点がぼやけてしまうこともある。

それぞれのサービス業の特徴や性質等を踏まえ，個々に適合したサービス・マーケティングを展開することが一方で求められている。

また，サービス業の多くは，モノを作り出している製造業と比較して労働集約的であり，生産性の低さが指摘される。サービス業は、今以上に高度化，高質化，効率化，持続性の向上を図る必要がある。

注
(1) 佐和隆光編『サービス化経済入門』中央公論社，1990 年，p.18。
(2) ここでは一般化する意味で顧客という表現で示している。もちろん，医療サービス，教育サービスなど顧客という表現がふさわしくないサービス分野がある。
(3) Shostack, G.L.,"Designing Services That Deliver," *Harvard Business Reviw*,62(1), 1992, pp.133-139.
(4) DIAMOND ハーバード・ビジネス・レビュー編集部編・訳『いかに「サービス」を収益化するか』ダイヤモンド社，2005 年，p.6。

(5) 近藤隆雄『サービス・マーケティング［第2版］』生産性出版，2010年，pp.192-197。
(6) 同上書，p.195。
(7) C.H. ラブロック，J.K. ウィルツ，白井義男監修，武田玲子訳『ラブロック＆ウィルツのサービス・マーケティング』ピアソン・エデュケーション，2008年，p.143。
(8) サービスを使用する権利がチケット化されて，その使用権が流通する場合には，サービスにおいても間接流通が存在する。

参考文献

草野素雄『入門　マーケティング論［第3版］』八千代出版，2011年。
近藤隆雄『サービス・マーケティング［第2版］』生産性出版，2010年
嶋口充輝・和田充夫・池尾恭一・余田拓郎『マーケティング戦略』有斐閣，2004年。
武井寿・岡本慶一他『現代マーケティング論』実教出版，2006年。
田内幸一・浅井慶三郎監修『サービス論』調理栄養教育公社，1994年。
西尾チヅル編著『マーケティングの基礎と潮流』八千代出版，2007年。
山本昭二『サービス・マーケティング入門』日本経済新聞出版社，2007年。
和田充夫・恩蔵直人・三浦俊彦『マーケティング戦略［第4版］』有斐閣，2012年。
C.H. ラブロック，J.K. ウィルツ，白井義男監修，武田玲子訳『ラブロック＆ウィルツのサービス・マーケティング』ピアソン・エデュケーション，2008年。

第8章　サービスとホスピタリティ

　時代の進展とともに経済におけるサービスの割合が加速的に増加し，企業より多様なサービスが生み出されるようになった[1]。また，企業が対象とする顧客もマクロからミクロへと変化し，さらには顧客データベース構築などの情報化社会の後押しにより[2]，ミクロ化が進展している。そのため，企業が顧客へ高い満足を提供するには，マーケティングを通じてさらなるミクロの視点で顧客へ接近することが求められる。つまり，一人ひとり異なる顧客に対し，満足の実現に努めなければならない。

　それに対応するため近年では，商品やサービスの使用や便益に加え，直接人に作用するサービスにおいて精神的な満足を実現するホスピタリティを重視したマーケティングが展開されるようになった。

　以上の背景を踏まえ，本章ではホスピタリティの先行研究をレビューして意義を明らかにし，その有効性を検討したい。

第1節　ホスピタリティの定義

　ホスピタリティとは心から相手を大切にしようとする精神や働きかけであり，受け手がそれを感じ取り，さらなる満足を実現するものである。その意味について，大辞林では「丁重なもてなし。またもてなしの心」[3]とし，相手へ細やかな注意を行き届かせながら丁寧に接すること，またその心としている。また広辞苑ではホスピタリティの受け手を客としてとらえ，「客を親切にもてなすこと。また，もてなす気持。」[4]とし，客を思いやり手厚く接すること，またその気持ちとしている。

　ここにあげられるように，わが国ではホスピタリティをもてなしあるいはも

てなすと表現されることがあるが，その根底には送り手が相手の心境へ配慮した振る舞いやたしなみを行うことで受け手がそれを感じ，精神的に満たされるという意味が込められている[5]。そのため，ホスピタリティを通じて両者が接近し，濃密な関係性の構築を通して精神的な満足が実現されるのである。

一方，欧米におけるホスピタリティの意味についてランダムハウス英語辞典では，「1.客や見知らぬ人々に対する親しみある歓待や待遇。2.客や見知らぬ人々に対し，温かく，親しみのある惜しみない方法で受け止め，待遇する雰囲気や気持ち」[6] とし，広く親近感をもって接することとしている。

以上，わが国と欧米におけるホスピタリティの意味を比較すると，わが国ではホスピタリティを提供しようとする範囲が対面する相手を中心としているのに対し，欧米では対面する相手に加えて見知らぬ人々と範囲が拡大し，すべての人々に向けられている。このことから，ホスピタリティは相手を心から大切にしようとする精神やそれに伴う行動という意味は同様ながら，その範囲は文化により異なりをみせていることがわかる。

また，先行研究における定義においても統一的な見解がある訳ではなく，研究者により様々な視点で論じられている。そこで小沢道紀と徳江順一郎，五十嵐元一の所説をレビューし，ここにおけるホスピタリティの定義を明らかにしたい。

小沢は「①客人と主人との間でのもてなし（歓待）のある良い関係。②組織によって金銭と交換で客を楽しませるための宿泊施設にある様々な機能。③従来宿泊施設に存在した様々な機能が発展し，分割され独自発展を遂げている機能」[7] としている。ここに示される客人と主人との良好な関係の構築には，やはり相手を大切にしようとする精神が必要とされるほか，客人である顧客は宿泊施設にある空間や備品を活用し，宿泊サービスを受けることでホスピタリティを感じとり，精神的な満足を得ることを示唆している。

徳江は「市場において交換される「財」を提供する提供者とその受益者とが，より高次元の「関係性」を築くべく，「相互」に持つ「精神」とそれに伴って応用的に行われる「行為」」[8] としている。ここでいう財とは商品やサービス

であり，提供者とその受益者とは企業と顧客である。交換を通して企業と顧客がより高い満足を得るにはホスピタリティが必要とされ，企業と顧客との間の濃密な関係性の構築が重要となる。

　五十嵐は，「相手を尊重し，受け容れ，気持ちを汲み取り，相手の充足や満足を支援して相手の気持ちに寄り添い，期待された以上に喜んでもらう姿勢」[9]とし，相手の気持ちを察し，最善な方法で接することがホスピタリティであるとしている。そのため，ホスピタリティは送り手の一方的なものではなく，相手を思いやることが最も重要であり，それに応じた行動をとることが大切といえる。

　ここに挙げた定義にもあるように，ホスピタリティとは相手のさらなる満足を実現するための精神であり，最善な行動を図るための源泉である。そのため，受け手は送り手のホスピタリティを感じ取り，商品やサービスの活用を通して得られる使用や便益の満足に加え，精神的な満足を得る。

　以上をもとに，ここではマーケティングの視点に基づいてホスピタリティを検討する。ホスピタリティを提供するのは企業であり，受益するのは顧客である。そのため，ここにおけるホスピタリティとは，顧客がより高い満足を得るための精神と定義したい。

第2節　サービスにおけるホスピタリティの注目

　先に触れたとおり，近年では直接人に作用するサービスを中心にホスピタリティが重視されるようになった。とりわけ宿泊産業や外食産業，アミューズメント産業など，サービス提供者と顧客が対面する業種においてホスピタリティが重視される理由は，顧客との接点が多く，瞬時に対応を取ることが可能なためである。たとえば，対面する顧客の表情や行動，発せられる言葉によって心境を読み取り，最適なサービスを提供するのである。

　また顧客は，サービス提供者から直接受けるサービスに加え，宿泊施設などの空間からも間接的なホスピタリティを感じることが出来る[10]。顧客が滞在する

宿泊施設には華美なもののほかに機能性を重視したものまで様々であり，そのなかから最も適した場所を選択する。たとえば，非日常の空間を利用しながら手厚いサービスを受けることによってホスピタリティを感じる場合や，静粛性の高い空間を利用して寛ぎ，人的なサービスをほとんど受けなくてもホスピタリティを感じる場合がある。そのため企業が宿泊施設を提供する場合にはあくまで顧客を中心に置き，精神的な満足が実現されるよう配慮しなければならない。

　サービスを顧客へ提供する場合においても商品と同様，マーケティングが検討される。C. H. ラブロックとJ. ウィルツ（Christopher H. Lovelock and Jochen Wirtz）は，顧客へ提供されるサービスをサービス・プロダクトとして図8-1に示すサービスの花を提唱した。それは顧客へ提供されるサービスにあたるコア・サービスを中核に情報，受注，請求，支払いの促進型補完サービスのほか，相談，ホスピタリティ，安全，例外的対応からなる強化型補完サービスで構成され，それらが統合され，顧客へ提供される。

図8-1　サービスの花

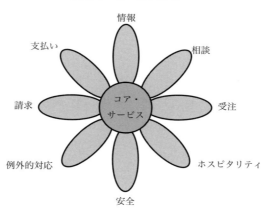

出所：Christopher H. lovelock and Jochen Wirtz, Services Marketing: People, Technology, Strategy, Pearson Education, Inc., 2007, p.77, Figure3. 6　The Flower of Service: Core Product Surrounded by a Cluster of Supplementary Services., C. H. ラブロック，J. ウィルツ，白井義男監修，武田玲子訳『ラブロック＆ウィルツのサービス・マーケティング』，ピアソン・エデュケーション，2008年，p.89, 図3-6「サービスの花」：　コア・サービスを補完的サービスが取り囲んでいるを引用。

ここに強化型サービスのひとつとして示されるホスピタリティは，一人ひとり異なる顧客を考慮した振る舞いや対応のほか，顧客が快適に過ごすための待合室の設置や天候対策などの環境整備が含まれる。それらを必要とする理由は，天候の変化などを事前に準備がなされ，最適な対応をとることが可能だからである。そのため，ホスピタリティを含むサービス・プロダクトの検討にあたっては，顧客への臨機応変な対応に考慮するソフトの部分とともに，快適に過ごすことができる環境づくりであるハードの部分の両方が求められる。

第3節　サービスにおけるホスピタリティの有効性

　企業から顧客へ提供されるサービスは便益や活動であり，ホスピタリティは顧客がより高い満足を得るための精神である。その立場からここでは両者の共通点と相違点を整理し，サービスにおけるホスピタリティの有効性を確認したい。

　共通点は，サービスの特性（無形性，不可分性，異質性，消滅性）がホスピタリティにも適合し，提供する対象が顧客となる点である。対して相違点は，サービスは対価として貨幣価値で評価されるのに対し，ホスピタリティはそれが困難であることと，サービスを提供される場合に用いられるマニュアルのように平準化が困難なことである。とりわけホスピタリティが貨幣価値での評価が困難な理由は，人の精神を貨幣価値の尺度で測定することはなく[11]，サービスのように対価を支払うことがないためである。また，マニュアルによる平準化が困難な理由は，ホスピタリティは精神であり，提供者ごとに異なるからである。ここにあげたように，サービスとホスピタリティはそれぞれ共通点と相違点がみられるが，仲谷秀一が「ホスピタリティとサービスとは，対立軸にあるのではなく，サービスを，よりよいものとする姿勢や行動を，ホスピタリティと呼ぶ[12]」と指摘するように，顧客がさらなる満足を実現するにはサービスとホスピタリティの両方が必要となる。

　ここまでで示した通り，サービスとホスピタリティは不可分である。そのため，マーケティングの立案時より実践に至るまで顧客を考慮することにより，

よりよいサービスが生み出され，マーケティングを通して顧客へ接近することでより高い満足が実現する。

　顧客へ提供されるサービスによって企業のホスピタリティは異なり，顧客によって感じ方も様々である。しかしながら，企業がマーケティングを立案し実践するうえにおいてもホスピタリティは不可欠であり，顧客がより高い満足を実現するための精神としてホスピタリティを認識しなければならない。

注
(1) 加藤勇夫はマーケティングの社会的志向（人間志向）に分類される1960年代後半より，「社会の重心は，物質主義からヒューマニズムへ変化している。経済的に発展した豊かな社会の1つのしるしは，消費が製品からサービスへ，文化の重点が物から人々へ移ってきていることであるといわれている。」と指摘し，経済の発展と新たなサービスの誕生には密接な関わりがあることを示している。加藤勇夫『マーケティング・アプローチ論』白桃書房，1979年，p.11。
(2) 尾碕 眞は情報化社会について，「コンピュータによらないプログラム化できない情報も重要」と指摘するように，蓄積された顧客情報とサービス提供時に収集された情報の両方を考慮し，マーケティングを展開しなければならない。尾碕 眞『現代商業の課題と展開』ナカニシヤ出版，1998年，p.99。
(3) 松村 明編『大辞林』三省堂，2006年，p.2344。
(4) 新村 出編『広辞苑』岩波書店，2008年，p.2588。
(5) 茶道における心得に一度きりの瞬間を大切にする一期一会がある。主人と客人は行われる茶会が一度きりであるという思いのもと，互いに誠心誠意で向き合うことの必要性をいうものである。マーケティングにおいても一期一会の心得は重要であり，顧客がさらなる満足を得るには事前に検討し実行に移すほか，刹那な場面においても最適な対応することが求められる。
(6) Stuart Berg Flexner and Leonore Crary Hauck, *The Random House dictionary of the English language*, 2nd ed, unabridged, Random House.Inc, 1987, p.925.
(7) 小沢道紀「ホスピタリティに関する一考察」『立命館経営学』第38巻第3号，1999年，p.175。
(8) 徳江順一郎「飲食サービスとホスピタリティ」『高崎経済大学論集』第51巻第2号，2008年，p.46。
(9) 五十嵐元一「ホスピタリティの機能に関する研究」『北海学園大学経営論集』第7

巻第 4 号，2010 年，p.20。
(10) 杉原淳子『ホスピタリティ・マーケティング』嵯峨野書院，2007 年，pp.73-74 を参照。
(11) 山口秀樹「口コミ・マーケティングにおけるホスピタリティの関係性 - 複雑性の視点から（ホスピタリティ・マネジメントの発見的経路依存性概念）-」『HOSPITALITY』第 13 号，2006 年，pp.51-56 を参照。
(12) 仲谷秀一『ホテル・ビジネス・ブック』中央経済社，2006 年，p.139。

索　引

(ア行)

アコーディオン理論	31
異質性	111,119
インターナル・マーケティング	132
インタラクティブ・マーケティング	132
ウオンツ	1
売場配置	76
売場面積	67
AISCEAS モデル	10
AIDMA モデル	10
エクスターナル・マーケティング	131
FA	105
FMS	105
置き換え	110

(か行)

改正都市計画法	35
階層別成立業種	70
買い物環境	25
価格	27
価格設定	94
家計消費外需要	72
稼働率の向上化	110
環境変化要因	54
機械工業振興臨時措置法	104
企業規模	55
企業合理化促進法	104
基準在庫法	95
機能分担	52
強化型補完サービス	150
業種	28
業種構成方針	74

業種配置	74
業態	28
業態構成	55
近隣型	56
経験属性	133
経済的発注量	97
限定業種構成	74
コア・サービス	138,150
高圧マーケティング	103
広域型	56
合成繊維育成5ヶ年計画	104
高度経済成長	104
購買	5
購買意思決定	3
購買行動	2
購買後行動	2
購買後評価	5
小売	15
小売引力の法則	32
小売業（者）	15
小売の輪	30
小売ミックス	23
顧客	148
顧客データベース構築	147
コンタクト・パーソネル	132
コンプライアンス違反	113

(さ行)

サービス・エンカウンター	132
サービス・ブループリント	135
サービス・プロフィット・チェーン	136
サービス・マーケティング	131

サービス・マーケティング・ミックス	138	消費者行動	2
サービスとモノの相違点	120	消費者の購買代理人	15
サービスの意義	117	消費特性	45
サービスの基本特性	119	商品構成	88
サービスの特性	151	商品構成計画	90
サービスの分類	125	商品情報	90
サービス・プロダクト	150	商品やサービスの使用や便益	147
SERVQAL	136	情報化社会	147
在庫予算	95	情報探索	4
最終消費者	1	消滅性	111, 120
産業構造	47	真空地帯理論	31
産業使用者	1	人口構造	47
3C	105	信頼属性	134
三種の神器	105	生活型	56
CIM	105	生産志向	103
CP	132	生産と消費の同時性	119
仕入数量	93	精神的な満足	147
JECC	104	石油化学工業育成対策	104
事業所数の変化	17	セルフサービス化	110
市場開発	45	総合業種構成	74
市場条件	45	促進型補完サービス	150

(た行)

実態調査	50		
品揃え	24	大店立地法	35
社会情報	6	棚卸	100
従業者数の変化	18	探索属性	133
修正ハフモデル	34	地域型	56
重点業種	74	地区型	56
ショーケース	83	地勢条件	54
商業集積	16, 68	中心市街地活性化法	35
商業情報	6	直接人に作用するサービス	147
商圏	57	低圧マーケティング	103
商圏規模	55	定期定量発注	99
商圏構造	57	定期不定量発注	99
商圏設定	57	鉄鋼業第2次合理化計画	104
商圏内市場占拠率	66	電子工業振興臨時措置法	104
商圏内消費購買力	65	電子商取引	11
商圏内人口	67	店舗規模	67, 72
消費行動	2	店舗内動線	82
消費者	1		

都市基盤調査	46		立地	24
都市の機能調査	47		立地選定	45
取扱商品	70			

(な行)

(alphabet)

7P	138		Computer Integrated Manufacturing	105
ニーズ	1		Contact Personnel	132
日本電子計算機株式会社	104		Factory Automation	105
認知的不協和	5		Flexible Manufacturing System	105
年間商品販売額の変化	19		inseparability	111
濃密な関係性の構築	148		intangibility	111
			heterogeneity	111
			perishability	111
			variability	111

(は行)

発注点法	98
ハフモデル	33
販売志向	103
販売促進機能	78
百分率変更法	95
品種構成	88
品目構成	88
不可分性	111
プロモーションおよび付帯サービス	26
変化要因調査	50
変動性	111
ＰＯＳシステム	35
ホスピタリティ	147

(ま行)

マーケティング	147
マーケティング志向	103
マーチャンダイジング	87
マニュアル化	110
ミクロの視点	147
無形性	111,119
もてなし	147
問題認識	4

(ら行)

リーマンショック	113

執筆者紹介（執筆順。＊は編者）

伊藤万知子（いとう　まちこ）
　愛知産業大学経営学部教授
　序章担当

尾碕　眞＊（おざき　まこと）
　愛知学院大学商学部教授，大学院商学研究科教授
　博士（商学）
　第1章・第3章（第2節・第3節）・第4章担当

野本　操＊（のもと　みさお）
　野本商業診断事務所所長，中小企業診断士
　第2章・第3章（第1節）担当

尾碕雅実（おざき　まさみつ）
　愛知学院大学大学院研究生
　第5章・第6章（第4節）担当

脇田弘久＊（わきた　ひろひさ）
　愛知学院大学商学部教授，大学院商学研究科教授
　第6章（第1節～第3節）・第7章担当

田中真一（たなか　しんいち）
　有限会社マルセイ長篠
　第8章担当

小売業・サービス業のマーケティング

2015 年 3 月 25 日　初版発行
2017 年 3 月 25 日　初版二刷発行

編著者：尾碕　眞・野本　操・脇田弘久
発行者：長谷　雅春
発行所：株式会社五絃舎
　　　　〒173-0025　東京都板橋区熊野町 46-7-402
　　　　Tel & Fax：03-3957-5587
　　　　e-mail：h2-c-msa@db3.so-net.ne.jp
組　版：Office Five Strings
印　刷：モリモト印刷
ISBN978-4-86434-049-6
Printed In Japan　検印省略　ⓒ　2017